头脑风暴

塑造超强大脑的推理游戏

俞承幸 / 编著

中国法制出版社
CHINA LEGAL PUBLISHING HOUSE

前言

伴随着年龄的增长，孩子的成长不仅体现在身体的变化上，更体现在知识、思维等方面的变化上。儿童心理学家皮亚杰的认知发展理论让我们认识到儿童的思维发展是一个循序渐进的过程。小时候，孩子更多通过感性思维认识世界、感知世界，大一点的时候学会用抽象逻辑思维对现实中的现象进行进一步思考，对世界的认识也更加全面。良好的思维能力无疑能帮助孩子更好地了解与认识世界，成为孩子与世界交流的有效工具。思维能力的提升对孩子的成长和发展是至关重要的。思维能力可以通过后天培养逐渐提高。通过有目的、有计划、有系统的思维训练，一个人的思维能力能够得到显著的提升。本书通过精心设计的推理游戏，让孩子在游戏中一步步开发自己的头脑，培养自己的思维能力，在环环相扣的推理游戏中感受推理的美好与乐趣。

本书一共有十章，在每章中讲述一种推理方法，一共讲述了演绎推理、归纳推理、类比推理、观察推理、抽象推理、逆向推理、迂回推理、辩证推理、发散推理、移植推理十种常见的推理方法。每一章又包含技巧简介和推理游戏两部分。在技巧简介这一部分，详细讲解了每种推理方法的具体含义，以及使用这些推理方法的技巧，让读者能够对这些推理方法有一个整体的认识。在推理游戏这一部分，设置了多个游戏，由浅入深，让读者逐渐掌握并应用各种推理方法，感受到推理的魅力，并不知不觉提高自己的推理水平和思维能力。

阅读完本书，相信你不仅能够掌握各种推理知识，还能够成为一个推理高手。在推理过程中所学到的知识、所提升的能力，一定能帮助你轻松解决学习和生活上的问题，让你在今后的生活中脱颖而出，应对自如。

目录

第一章

抽丝剥茧，提升演绎推理能力

技巧简介：把握环环相扣的推理之链

有一种推理方法是演绎推理，它是将一般的规则应用于具体的问题中，通过演绎得到某个具体结论的推理方式。在演绎推理的过程中，我们需要让思维环环相扣，直到找到最终的答案。

演绎推理有三段论、假言推理、选言推理、关系推理等形式。

1. 三段论

三段论是演绎推理的一般形式。它包含大前提、小前提以及结论三个部分。大前提是已知的一般原理，小前提是研究的特殊对象，结论是根据已知的一般原理，对特殊对象作出判断。

例如：哺乳动物会生宝宝，猴子是哺乳动物，所以猴子会生宝宝。在这里，“哺乳动物会生宝宝”是大前提，即已知的一般原理；“猴子是哺乳动物”即猴子是哺乳动物群体中所要研究的特殊对象，为小前提；“所以猴子会生宝宝”则是我们针对特殊对象得出的结论。

2. 假言推理

假言推理与三段论有点类似，也包括大前提，小前提和结论。但假言推理的大前提包括前后两部分，通常是一个复合句。假言推理是以假言判断为前提的推理，其大前提是一个假言判断。假言推理具体分为充分条件假言推理、必要条件假言推理和充分必要条件假言推理。

充分条件假言推理的基本原则是：小前提与大前提的前部分一致，则结论肯定大前提的后部分；小前提与大前提的后部分不一致，则结论否定大前提的前部分。例如：①如果一个数字是奇数，则该数不能被2整除；又因为3是奇数，所以3不能被2整除。②如果一个三角形的三条边之间满足$a^2+b^2=c^2$，那么它是直角三角形；又因为一个三角形不是直角三角形，那么它的三条边不满足$a^2+b^2=c^2$。

另一种推理叫作必要条件假言推理，其基本原则是：小前提与大前提的后部分一致，结论就要肯定大前提的前部分；小前提与大前提的前部分不一致，结论就要否定大前提的后部分。例如：①只有不熬夜，才能身体好；他身体好，所以他不熬夜。②只有上课认真听讲，才能取得好成绩；他没有好好听讲，所以他没有取得好成绩。

还有一种推理叫作充分必要条件假言推理，其基本原则是：小前提与大前提的前部分一致，结论就要肯定大前提的后部分；小前提与大前提的前部分不一致，结论就要否定大前提的后部分；小前提与大前提的后部分一致，结论就要肯定大前提的前部分；小前提与大前提的后部分不一致，结论就要否定大前提的前部分。例如：①如果一个三角形的三边相等，那么它是等边三角形。又因为$\triangle ABC$三边不相等，那么$\triangle ABC$不是等边三角形；$\triangle DEF$三边相等，那么$\triangle DEF$是等边三角形；$\triangle MNP$不是等边三角形，那么△MNP的三边不相等；△QEF是等边三角形，那么△QEF的三边相等。

3.选言推理

选言推理是以选言判断为前提的推理，也包括大前提、小前提和结论这三部分。它分为相容的选言推理和不相容的选言推理两种。

相容的选言推理的基本原则是：大前提是一个相容的选言判断，小前提否定了其中一个（或一部分）选言支，结论就要肯定剩下的一个选言支。例如：小明今天或者去游泳，或者去打球；小明今天没去打球，所以，小明今天去游泳了。相容的选言推理中所有的选言支，是可以同时成立的。例如：小明去花市场买花，或者买雏菊，或者买向日葵。小明可以既买雏菊又买向日葵。

不相容的选言推理中所有的选言支，是不可以同时成立的。不相容的选言推理的基本原则是：大前提是个不相容的选言判断，小前提肯定其中的一个选言支，结论则否定其他选言支；小前提否定除其中一个以外的选言支，结论则肯定剩下的那个选言支。例如：①新来的同学或者是湖北人或者是河南人或者是北京人；结果这个同学是河南人，所以他不是湖北人和北京人。②暑假天天或者去上海，或者去成都，或者去云南旅游；天天没有去上海和成都，所以天天去了云南。

4.关系推理

关系推理是前提中至少有一个是关系命题的推理。常见的有对称性关系推理、反对称性关系推理、传递性关系推理几种。

对称性关系推理可举例为：$a=b$，所以$b=a$；反对称性关系推理可举例为：$a>b$，所以b不大于a；传递性关系推理可举例为：$a>b$，$b>c$，所以$a>c$。

演绎推理作为生活中非常常见的推理，在推理过程中，一定要区分清楚大前提和小前提这两个部分，再根据大前提、小前提和结论三者的关系进行推理判断。演绎推理得出的结论是必然性的，所以在推理时要对小前提与大前提的关系进行严格判断，这是得出正确结论的关键。

推理游戏：精准论证，演绎真相

明星的年龄

开启游戏

同住一个宿舍的四个女孩子正在观看综艺节目，节目中的一个女明星引起了她们的注意。四人便对这个女明星的年龄讨论了起来。

甲说：“她肯定不会超过25岁，皮肤看起来比我的还要好，肯定很年轻。”

乙说：“我觉得她不会超过30岁。”

丙说：“你们都说错了，人家是保养得好，我很小就看过她演的电视剧，她起码也45岁了。”

丁说：“45岁也太老了吧，她肯定在40岁以下。”

实际上只有一个人说对了，那么说法正确的是哪个?

头脑发动机

这是一个演绎推理的例子。我们可以分四种情况来推理。依次假设每个人都说得对，然后以她们的话为大前提，来看是否满足只有一个人说得对这个事实。

假设甲说得对，即以“她肯定不会超过25岁”为大前提，那么乙、丁的说法也正确，不符合“只有一个人说对了”这个事实，所以此假设不成立。

假设乙说得对，即以“不会超过30岁”为大前提，那么丁的说法肯定正确，不符合“只有一个人说对了”这个事实，所以此假设不成立。

假设丙说得对，即以“起码也45岁了”为大前提，那么只有丙的说法正确，符合“只有一个人说对了”这个事实，所以此假设成立。

假设丁说得对，即以“肯定在40岁以下”为大前提，那么甲、乙的说法正确，不符合“只有一个人说对了”这个事实，所以此假设不成立。

综上所述，说法正确的是丙，即这位女明星的年龄在45岁以上。

究竟谁在说谎

开启游戏

某商店的珠宝意外丢失，放置珠宝的柜台上的玻璃并没有被敲碎，这说明是有人通过钥匙打开柜台盗走了珠宝。警察根据线索确定了刘小同、史慧和王欢三名嫌疑人。经过审讯，这三个人都不承认自己偷了珠宝。

刘小同说："偷东西的人肯定是史慧，我今天早上看到她在柜台旁鬼鬼祟祟的，肯定是想趁没人的时候偷走珠宝。"

史慧说："刘小同看错了。我那时候看到王欢从柜台里拿了个东西就走了，走近柜台才发现一颗珠宝不见了。"

王欢说："史慧在诬陷我，我根本就没有偷东西，不信你们搜我的包。"

三人中只有一个人说的是假话，你知道谁在说谎吗？

头脑发动机

在这个例子中，我们可以知道说谎的人就是刘小同、史慧和王欢三人之中的一人。因此，可以分三种情况进行讨论：

第一种情况，假设刘小同说的是假话，则史慧和王欢说的是真话。由于史慧和王欢两人的话相互矛盾，不可能同时为真话，与假设相矛盾。此情况不成立。

第二种情况，假设史慧说的是假话，则刘小同和王欢说的是真话。即王欢没有偷东西，史慧是偷东西的人。此情况成立。

第三种情况，假设王欢说的是假话，则刘小同和史慧说的是真话。但刘小同和史慧两人的话相互矛盾。此情况不成立。

通过以上分析，我们可以知道说谎的人是史慧，偷东西的人也是她。

谁是真正的新娘

开启游戏

某新郎在迎娶新娘的时候，要通过伴娘的考验。新郎的面前有三个一模一样的“新娘”，她们都穿着一模一样的婚纱，面部都覆盖着面纱，新郎一下子不知道哪个是他真正的新娘。

三个“新娘”依次对新郎说了一句话。第一个“新娘”说：“我是你真正的新娘。”第二个“新娘”说：“我不是你的新娘。”第三个“新娘”说：“第一个新娘说的是假话。”伴娘告诉新郎这三人中只有一人是真正的新娘，另外两人是由伴娘假冒的，且三人中只有一人说了真话，请问新郎能找到自己的新娘吗？

头脑发动机

可以分三种情况进行讨论：

第一种情况，假设第一个人是真正的新娘，则她所说的是真话，那么第二个人说的也是真话，与三个人里只有一个人说真话的条件不符合。此情况不成立。

第二种情况，假设第二个人是真正的新娘，则第一个人说的是假话，第二个人说的“我不是你的新娘”也是假话，第三个人说的是真话，与三个人里只有一个人说真话的条件符合。此情况成立。

第三种情况，假设第三个人是真正的新娘，则第一个人说的是假话，第二个人说的“我不是你的新娘”是真话，第三个人说的也是真话，与三个人里只有一个人说真话的条件不符合。此情况不成立。

通过以上分析，真正的新娘是第二个人，新郎通过逻辑推理，可以找到自己的新娘。

门上的话

开启游戏

在一次限时寻宝闯关游戏中，闯关者凭借智慧和谋略通过前面的九关，终于来到最后一关。最后一关的游戏规则是这样的，闯关者面前一共有四扇门，只有一扇门背后藏有宝物，闯关者须在90秒内结合门上的提示做出正确的选择，打开真正藏有宝物的门。如果超时或者打开错误的门意味着闯关失败，无缘大奖。

四扇门上分别刻着不同的提示语。第一扇门上面刻着“宝物不在我后面”；第二扇门上面刻着“宝物在第四扇门后面”；第三扇门上面刻着“宝物在第二扇门后面”；第四扇门上面刻着“宝物不在我后面”。这四扇门上面的话只有一句是真的。

闯关者想了一会儿，在倒计时结束前打开了正确的门，你知道他是怎么做到的吗？

头脑发动机

这是演绎推理中的真假推理，如果我们用“依次假设第一、二、三、四扇门上的话为真”的方法进行推理，肯定能得到正确结果，但是过程会比较烦琐，很难在90秒内完成闯关。这时，我们可以采用另一种更加快速的方法，在短时间里完成闯关。通过观察四扇门上的话，可以明显发现第二扇门上的“宝物在第四扇门后面”与第四扇门上的“宝物不在我后面”相互矛盾，两句话必有一真一假。此时就可以分两种情况进行推理，简化了前面需要分四种情况推理的过程。

假设第二扇门上的“宝物在第四扇门后面”为真，则其他三扇门上的话为假，则第一扇门上面刻的“宝物不在我后面”也是真话，和所给 条件不符，此假设不成立。

假设第四扇门上的“宝物不在我后面”为真，则其他三扇门上的话为假。所以第一扇门上说的实际意思为“宝物在我后面”，第二扇门上说的实际意思为“宝物不在第四扇门后面”，第三扇门上说的实际意思为“宝物不在第二扇门后面”，据此可以知道宝物在第一扇门后面。

闯关者通过分析，最终选择了第一扇门，找到了宝物。

一瓶香水

开启游戏

一家香水公司需要招聘若干实习生，有甲、乙、丙三人前来应聘。招聘者在三人面前放了一瓶香水，要求三人通过嗅觉判断这瓶香水中含有的成分，猜对的人直接通过面试，猜错的人则没有机会进入公司。

甲说：“这里面没有佛手柑成分，也没有迷迭香成分。”

乙说：“这里面没有佛手柑成分，含有薰衣草成分。”

丙说：“这里面没有薰衣草成分，含有佛手柑成分。”

招聘者听到三人的答案，对他们说：“我们这次的测试非常简单，这瓶香水中只添加了你们说的成分中的一种。很遗憾的是，你们三个人中只有一个人完全猜对，通过了我们此次的面试，其他两人中有一个人完全说错了，还有一个十分可惜，只说对了一半。”

根据招聘者的话，结合甲、乙、丙三人的发言，你知道是谁通过了公司的面试吗？

头脑发动机

我们可以分别假设甲全说对、乙全说对、丙全说对这三种情况进行分析推理。

假设甲全说对，则香水里面没有佛手柑成分，也没有迷迭香成分，所以这瓶香水含有薰衣草成分，则丙的答案错误，但乙说的也对，此假设不成立。

假设乙全说对，则香水里面没有佛手柑成分，含有薰衣草成分，所以丙的答案错误，但甲说的也对，此假设不成立。

假设丙全说对，则香水里面没有薰衣草成分，含有佛手柑成分，所以甲说对一半，乙全说错，此假设成立。

通过上面的分析，我们知道丙全说对了。

奇怪的小岛

开启游戏

有一个奇怪的小岛，岛上住着10000个居民，有男有女。这个岛上的女人只说真话，男人只说假话。一个人类学专家到访这个小岛，想要了解小岛的人口构成。于是人类学专家问：“你们小岛上有多少个男人和多少个女人啊？”得到的回答如下：

第1个岛民告诉人类学专家：“我们岛上有1个男人，剩余的为女人。”

第2个岛民告诉人类学专家：“我们岛上有2个男人，剩余的为女人。”

第3个岛民告诉人类学专家：“我们岛上有3个男人，剩余的为女人。”

第4个岛民告诉人类学专家：“我们岛上有4个男人，剩余的为女人。”

……

第9998个岛民告诉人类学专家：“我们岛上有9998个男人，剩余的为女人。”

第9999个岛民告诉人类学专家：“我们岛上有9999个男人，剩余的为女人。”

第10000个岛民告诉人类学专家：“我们岛上有10000个男人，没有女人。”

聪明的你能够帮助人类学专家解决这个难题，告诉他小岛上到底有多少个男人，多少个女人吗？

头脑发动机

我们会发现10000个人说的话是相互矛盾，不能同时成立的，因为一个小岛的人口构成只能是一种情况，男人的数量和女人的数量是固定的。这也意味着10000个人只有1个人说的是真话，又因为只有女人才说真话，所以10000个人中有1个女人，剩余的9999个为男人。这种推理方法就是巧用选言支不相容的特点，达到化繁为简，快速解题的目的。

大灰狼与兔子

开启游戏

有一只兔子，在回家的路上不小心被一只大灰狼给抓住了。大灰狼为了让自己有正当理由吃掉这只小兔子，笑嘻嘻地对小兔子说："我从来不吃聪明的兔子，只吃那些愚蠢的兔子，那些愚蠢的兔子被我吃掉，也算是提高了你们的整体智力水平，所以啊，有时候你们还得感谢我。"

兔子假装同意，点了点头。

大灰狼露出狡黠的笑容，说："我看了看，你就不是一只聪明的兔子，怕是要被我吃掉了。"

兔子闻言，可怜巴巴地对大灰狼说："您确实有心了，那您怎么知道我不是聪明的兔子呢？"

大灰狼说："这很简单，你说一句话，要是你说的是真话，我就把你杀死了再吃，要是你说的是假话，我就把你活着吃掉。"

兔子心想，大灰狼真的太狡猾了，这不横竖都是死嘛。可是聪明的兔子说出了一句话，大灰狼只能放了它。你知道兔子说的是什么吗？

头脑发动机

兔子说的是：“您决定把我活着吃掉。”如果这句话为真话，则大灰狼决定把兔子活生生地吃掉，但大灰狼之前说过，如果兔子说的是真话，那么就把兔子杀死了再吃，这又与兔子所说的相矛盾；如果这句话为假话，则大灰狼应该把兔子活着吃掉，但这反而证明了兔子说的是真话。所以大灰狼只能放了兔子。

两位理发师

开启游戏

在一个小岛上，只有两位理发师，这两位理发师只能给别人理发，不能给自己理发。一位游客来到这个小岛上，决定理个发，但是她并不知道这两位理发师谁的技术好。她来到理发店，发现其中一位理发师的头发乱糟糟的，长短不一，看起来十分邋遢；另一位理发师的头发则被剪成了非常前卫的发型，看起来十分帅气。两位理发师都说自己的理发技术很好，你觉得这位游客应该找哪位理发师理发？

头脑发动机

两位理发师只能给别人理发，不能给自己理发，而岛上只有两位理发师。所以两位理发师的头发是对方帮忙理的。一位理发师的头发乱糟糟的，被剪得长短不一，说明那位发型前卫的理发师的技术很烂。所以，游客应该选择头发乱糟糟的那位理发师理发。

猜纸条游戏

开启游戏

王强是个数学博士，他有三个儿子。

有一天，王强和他们玩了一个游戏。王强取来一张纸，当着孩子的面分成五片，并在其中的三片纸上写上字，另外两片纸没有写字。王强让三个孩子按照老大、老二、老三的顺序排成一排，随机取出其中的三片纸贴在了孩子的后背。站在后面的孩子可以看到前面孩子背后的纸，但站在前面的孩子不允许背过身看自己和别人背后的纸。

做完这些，王强问老三："你能猜出自己背后的纸是有字的还是没有字的吗？"

老三无奈地摇头说："不能。"

王强接着问老二："你能猜出自己背后的纸是有字的还是没有字的吗？"

老二也是一脸无奈，摇头说："不能。"

当父亲问到老大时，老大兴奋地点了点头，并成功猜出自己背后的纸到底有没有字。你知道老大是怎么猜出来的吗？

头脑发动机

老三摇头说不能猜出自己背后的纸是有字还是无字的，说明老大和老二当中至少有一个人背后的纸是有字的，因为当老大、老二背后的纸都没有字的时候，老三马上能知道自己背后的纸是有字的。

老二摇头说不能猜出自己背后的纸是有字还是无字的，说明老大背后的纸肯定有字，因为老二从老三的回答中得知他和老大当中至少有一个人的纸是有字的，如果老大的纸是没有字的，则自己背后的纸肯定有字。但是，老二也猜不出来，说明老大背后的纸肯定是有字的。

老大根据老二和老三的反应，就能猜出自己背后的纸是有字的。

谁是窃贼

开启游戏

周六晚上，富人切尔斯的一幅名画被人偷走了，摩尔斯侦探抓到五个嫌疑人，他们为了洗清自己的嫌疑，纷纷开口交代。但其中说了真话的只有三个人，你能根据他们每个人的说辞，找出真正的窃贼吗？

甲说："偷东西的人是丁，我亲眼看到他偷偷溜进切尔斯的家里，将名画给偷走了，如果我说的没错的话，名画肯定还藏在他家里。"

乙说："反正不是我偷了名画，周六晚上我一直在家陪我的家人，完全没有时间去偷别人的东西，不信的话，你们可以随便搜我的家。"

丙说："我不清楚谁偷了名画，但是我可以证明戊没有偷东西，因为那天晚上，我路过戊的家门口，听到他和他的妻子在吵架。"

丁说："我也不知道怎么得罪了甲，甲在诬陷我，可是我压根就没有偷东西啊！"

戊说："乙确实没有偷东西，我可以证明，他周六晚上全程在家陪伴自己的家人。"

头脑发动机

通过这五个人的话，可以明显发现甲和丁的话相互矛盾，必有一真一假。此时就可以按两种情况进行假设。

假设甲说的是真话，即偷东西的人是丁，乙、丙、戊三个人没有偷东西，那么参考他们说的话就会发现甲、乙、丙、戊四个人说的都是真话，与题干中"说了真话的只有三个人"这一条件不符，此假设不成立。

假设丁说的是真话，即甲说谎，丁没有偷东西，那么小偷可能在甲、乙、丙、戊四人当中，而且说谎的人除了甲，还有乙、丙、戊三人中的一个。这里再次分为三种情况进行假设。

假设乙说谎，即偷东西的是乙，则说谎的人有甲、乙、戊，与题干不符，此情况不成立。

假设丙说谎，即偷东西的是戊，则说谎的人为甲、丙，与题干符合，此情况成立。

假设戊说谎，即偷东西的是乙，则说谎的人是甲、乙、戊，与题干不符，此情况不成立。

综上所述，偷东西的人是乙。

毒药与解药

开启游戏

一个青年人历尽千辛万苦终于来到无忘岛，传说在这个岛上，有一种解药可以起死回生，包治百病，正好能够救治青年人饱受病痛折磨的母亲。

青年人顺利找到装解药的盒子，打开盒子发现两个一模一样的药瓶。突然，旁边走出了两个人，吓了青年人一跳。

其中一个人对青年人说："我们是看管这两瓶药的守卫，这两瓶药一瓶是毒药，一瓶是解药，我们只把解药送给聪明人。我们两个人一个人说真话，一个人说假话，但是我们不会告诉你谁说的是真话，谁说的是假话。你可以任意选择一个问题来问我们两人中的一人，来确定哪瓶药是解药。”

青年人只能向其中一个人问一句话，应该怎么问才能保证拿的药是解药呢?

头脑发动机

假设青年人选中的那个人说的是真话，他可以问：“如果我问另一个人哪一瓶是解药，他会指哪瓶?”说真话的人会指着毒药，因为另一人说假话，会把毒药拿给别人。这时青年人只要拿另一瓶药即可，那瓶药肯定就是解药。

假设青年人询问的那个人说的是假话，他同样问：“如果我问另一个人哪一瓶是解药，他会指哪瓶?”说假话的人会指着毒药，因为另一人说真话，会把解药给别人。这时青年人只要拿另一瓶药即可，那瓶药肯定就是解药。

因此，无论青年人问的是说真话的人还是说假话的人，只要问“如果我问另一个人哪一瓶是解药，他会指哪瓶?”，就能判断出哪一瓶是解药。

两个烟囱清理工

开启游戏

两个烟囱清理工一大早就去清理附近的烟囱。两个人工作结束的时候，正好遇见对方。第一个烟囱清理工看看第二个烟囱清理工，就直接去集市买早餐了，第二个烟囱清理工看了看第一个烟囱清理工后就去洗了个澡。结果第一个烟囱清理工到集市后，周围的人都在笑话他。你知道是为什么吗？

头脑发动机

第一个烟囱清理工看见第二个烟囱清理工身上干净，误以为自己也一样干净，其实他的身上十分脏，所以在集市被人笑话。第二个烟囱清理工看见第一个烟囱清理工身上十分脏，误以为自己身上也脏，所以去洗了个澡。

第二章
分析概括，提升归纳推理能力

技巧简介：从个别信息出发，推出一般结论

在生活中，如果我们发现某类事物的部分对象具有某些特征，就可以据此进行推理，推导出此类事物的全部对象都具有这些特征。这种推理方法就是归纳推理，很显然，它是从零散的信息和个别性的知识出发，用概括的方法推导出了一般性的结论。巧用归纳推理，能够帮助我们发现事物普遍的规律，并利用发现的规律解决难题。

当然，想要从纷繁复杂的现象中准确地找出规律，并不是一件容易的事情。我们需要进行大量观察、实验，以获得充足的“推理材料”，之后还要经过思维的加工，才有可能形成科学的结论。

具体来看，在进行归纳推理的过程中，我们需要运用以下这些方法：

1. 比较

在采用归纳推理法之前，我们首先要对需要认识的多个对象进行比较，这样可以掌握它们的相同点和不同点，也就能够为我们进行归纳推理指明方向。

当然，能够进行比较的对象必须是有一定相同点的，我们

不能把截然不同的事物强行进行比较，否则只会白白浪费时间和精力。

2. 归类

对对象进行比较后，我们了解了它们的相同和不同的地方，就可以将它们按照类别区分开来。如此一来，我们要认识的复杂的对象就会变得有条理。

3. 分析综合

在归纳推理的过程中，少不了分析与综合的过程。分析就是对对象的各个侧面、部分、属性加以研究；而综合则正好相反，是对对象的各个侧面、部分、属性按照内在联系进行统一，以掌握其本质和规律。

对于归纳推理来说，这两个过程都是必不可少的，而且可以互相渗透和转化，这样更能够加深我们对对象的认识。

4. 抽象概括

抽象概括是进行归纳推理十分重要的步骤，我们可以概括具体的对象之中共同的方面、属性、关系等，而对于那些个别的、非本质的方面、属性、关系等则可以暂时舍弃。

必须指出的是，归纳推理离不开对对象的广泛考察。假如我们能够完全考察一类事物中的全部对象，并能够通过归纳推理得出真实有效的结论，这样的推理就是“完全归纳推理”。

但若是研究对象范围过大、数量过多，或是不断出现新的对象，进行完全归纳推理就成了不可能做到的事情，此时我们只能针对部分对象或某些属性进行“不完全归纳”，也就是说，通过归纳推理获得的结论是“相对”准确的，不能保证万无一失。

但这并不代表“不完全归纳”毫无价值，事实上，不完全归纳法也是在观察和分析的基础上产生结论，并不是毫无根据地胡乱猜测。而且这种推理方法非常简单易行，也不需要遵循严格的逻辑规则，所以比较灵活，很适合用来解决实际问题。

所以我们不能完全否定“不完全归纳”，但是在使用时一定要注意观察尽可能多的对象。而且我们要注意观察“反例”（与推理出的结论相反的情况）出现的频率，反例出现的次数越多，就说明我们归纳出的结论出现的偏差越大，越需要进行修改。只有这样，我们通过归纳推理得到的结论可靠性才会更高。

推理游戏：发现共性，找出规律

缺失的汉字

开启游戏

观察下面两组汉字，第二组汉字缺少了一个。请你试着寻找规律，再从下列选项中选出最适合填入空格的汉字。

边	动	运

目	夫	

A.内　B.囚　C.天　D.人

头脑发动机

这是一个比较简单的归纳推理游戏，在玩游戏时，我们可以先用心观察第一组汉字的字形，并尝试将每个汉字分解开来，如“边＝力＋辶”“动＝云＋力”“运＝云＋辶”。

此时我们不难发现这样的规律：前两个汉字都去掉了共同拥有的部分“力”，组成了第三个汉字。

按照归纳推理法，第二组汉字应当有同样的规律，也就是说，我们应当先去掉“目”和“夫”共有的部分“二”，再将剩下的部分进行组合，这样就能得到“四”字，所以这个游戏的答案是B。

下一个数字是多少

开启游戏

下面有一组数列，请你试着寻找规律，再在括号里填上合适的数字。

0、1、3、6、21、129、(　　)。

头脑发动机

这是一个简单的数字归纳推理游戏，在玩游戏时，我们可以发现数列越到后面数字越大，可以猜测后面的数字与前面的数字存在乘法的关系。不难发现：$0\times1+3=3$；$1\times3+3=6$；$3\times6+3=21$；$6\times21+3=129$。所以不难发现这样的规律：后一项的数字等于前面相邻两项的乘积加上3。

按照归纳推理法，后面的数字也具有同样的规律，所以括号里的数字等于前面相邻两项的乘积加上3，即$21\times129+3=2712$。

奇怪的等式

开启游戏

观察下面的等式，请你试着寻找规律，在最后一个等式的括号里填上合适的数字。

3+4=17；

5+6=111；

9+7=216；

4+9=513；

6+7=（　　）。

头脑发动机

这是一个数字归纳推理游戏。在玩游戏时，可以发现：4−3=1，3+4=7；6−5=1，6+5=11；9−7=2，9+7=16；9−4=5，9+4=13。所以不难发现这样的规律：等式右边数字的第一位由等号左边两项相减得来，后面几位由等号左边两项相加得来。

按照归纳推理法，后面的等式也具有同样的规律，所以括号里的数字的第一位由等号左边两个数字的差组成，后两位由等号左边两个数字的和组成，7−6=1，7+6=13，所以括号里的数字是113。

罗盘推数

开启游戏

观察下图的罗盘，你能在问号处填上合适的字母吗？

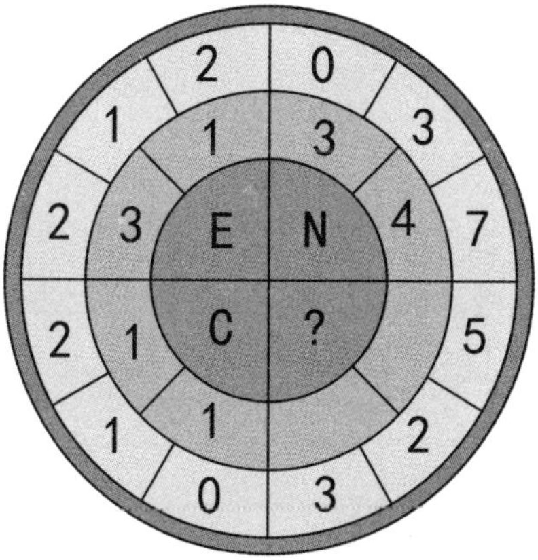

头脑发动机

这是一个层层推进的归纳推理例子。观察这个罗盘，我们可以发现罗盘由内外三层组成，分为四个区域。从最外层到最内层，数字的数量越来越少，最内层都是英文字母。

以罗盘的左上部分为例，我们可以发现中间层的数字是由最外层的数字通过数学运算得来的：2+1=3；2−1=1。由此可以猜测中间层的数字都是由最外层的数字或相加或相减得到的。观察右上部分，左下部分，也是如此。那究竟是哪两个数字相加，哪两个数字相减呢？不难发现按照顺时针方向，每个部分排在前面的第一个数字与第二个数字相加，第二个数字和第三个数字相减。于是可以得到右下中间层的两个数字分别为：5+2=7；3-2=1。

中间层的数字如何演变为最内层的字母，这是一个比较难推理的点。字母与数字之间不能直接进行转换，但是我们可以联想到字母表，如果按照顺序给26个字母从1到26依次编号，这26个字母就有了对应的数字，如下表所示：

英文字母-数字对应表

A	B	C	D	E	F	G	H	I	J	K	L	M
1	2	3	4	5	6	7	8	9	10	11	12	13
N	O	P	Q	R	S	T	U	V	W	X	Y	Z
14	15	16	17	18	19	20	21	22	23	24	25	26

左上部分：3，1；E（5）。左下部分：1，1；C（3）。

右上部分：3，4；N（14）。右下部分：7，1；？（？）。

观察左上、左下、右上部分，我们可以发现这样的规律：3×1+2=5；1×1+2=3；3×4+2=14。所以最内层的字母对应的数字是第二层的两个数字相乘的积加上2。据此推理得到右下部分的字母为I（7×1+2=9）。将罗盘上的几个字母按顺时针顺序连起来其实就是英文单词NICE。

盲猜糖果

开启游戏

下午茶的时候，罗丽丝太太和她的两个小外孙玩了个游戏。罗丽丝太太手里一共有三颗糖果，两颗是草莓味的，一颗是葡萄味的。她给两个小外孙一人一颗糖果，自己留一颗。两个小外孙拿到糖果后，可以知道自己的糖果是什么口味的，但不能告诉对方，如果两个人都能够猜出对方手中的糖果是什么口味的，罗丽丝太太就允许他们再吃一颗糖果。两个小外孙拿到各自的糖果后，疑惑地看了对方一眼，然后不约而同地猜出了对方手中的糖果口味，赢得了奖励。

你知道两个小外孙手中的糖果是什么口味的吗？

头脑发动机

如果一个小外孙的手里拿的是葡萄味的糖果，他就肯定能猜出对方手里的糖果是草莓味的，因为葡萄味的糖果只有一颗。但是两个小外孙都疑惑地看了对方一眼，说明他们都不能马上判断出对方的糖果是什么口味的。据此推理出两个小外孙手里的糖果都是草莓味的。

第五个密码锁

开启游戏

某军队在进行密码破译的过程中，发现收到的莫尔斯电码的后半段丢失了，导致无法打开保藏敌军战略布局图的保险柜。这个保险柜由五个密码锁紧紧锁住，每一个密码锁又由三位数字组成。军队已截获的莫尔斯电码是这样的：··––– | –···· | ·–––– || ··––– | ––··· | ––––– || ··––– | ––··· | ––––· || ··–––|––––·|––···||。情报员根据已经截获的信息打开了四个密码锁，还剩一个密码锁没能打开。你能根据截获的莫尔斯电码打开第五个密码锁吗？提示：其中 || 表示数字与数字之间的间隔，| 表示构成数字的字符与字符之间的间隔。

部分莫尔斯电码对应表如下所示：

字符	0	1	2	3	4
莫尔斯电码	–––––	·––––	··–––	···––	····–
字符	5	6	7	8	9
莫尔斯电码	·····	–····	––···	–––··	––––·

头脑发动机

这是一个结合莫尔斯电码以及数字规律进行完全归纳推理的例子。我们首先必须根据莫尔斯电码表将莫尔斯电码转换成对应

的数字，通过莫尔斯电码对应表将··−−− | −···· | ·−−−− || ··−−− | −−··· | −−−−− || ··−−− | −−··· | −−−−· || ··−−−|−−−−·|−−···||转换为2|6|1||2|7|0||2|7|9||2|9|7||，根据提示知道这个数列为261，270，279，297，这四个数字是前面四个密码锁的密码。通过观察261，270，279，297这几个数字，我们不难发现这几个数字之间的差别比较小，应该不是通过乘除运算进行演变的，由此可以考虑用加减运算寻找答案。

①270−261=9=2+6+1

②279−270=9=2+7+0

③297−279=18=2+7+9

由此发现该情报的数字规律为：后一个数字＝前一个数字＋前一个数字的每一位数字相加的和。所以第五个密码锁的密码为：297+2+9+7=315。

不断繁殖的兔子

开启游戏

在中世纪的意大利，有一位数学家，他特别喜欢思考一些有趣的数学问题，还经常给自己出一些好玩的数字推理游戏题。

有一天，他路过了邻居家的兔舍，看到里面有一些可爱的兔子，便萌生了养兔子的想法。

他对自己说：“要是我从现在开始养1对刚出生的兔子，1个月后它们就能长成大兔子，再过1个月，大兔子就能再产下1对小兔子。如果以后每个月都有新的小兔子出生，却没有兔子死亡，那么12个月后，我到底会拥有多少对兔子呢？”

你能帮他想想这个游戏题的答案吗？

头脑发动机

根据题意，我们可以获得这样的信息：

第1个月，有1对兔子；第2个月，有1对兔子；第3个月，兔子开始繁殖，变成2对兔子；第4个月，原来的兔子繁殖，新生的兔子长大，变成3对兔子……

以此类推，每对小兔子到第2个月都会变成大兔子，到第3个月就会开始繁殖。

于是就形成了这样的数列：

1，1，2，3，5，8，13，21，34……（这个数列也被称为斐波那契数列、黄金分割数列）。

我们对这个数列进行归纳推理，会发现从数列的第3个数字（2）起，每一个数字都等于前两个数字之和，如2=1+1，3=1+2，5=2+3，8=3+5……

根据这个规律，到12个月的时候，这位数学家将会拥有144对兔子（55+89=144）。当然，这个结论是有前提的，即“每个月都有新的小兔子出生，却没有兔子死亡”，只有在这个前提下，这个答案才是正确的。

第1111根手指

开启游戏

如下图所示，如果以左手大拇指为数字1开始计数，按照手指的摆放顺序，从左手的大拇指数到左手的小指，接着从右手的小指数到右手的大拇指，然后折回去数（折回去时大拇指不重复计数，比如第一次数到右手的大拇指时数字为10，折回去数的时候，右手大拇指不计数，11为右手的食指），如此往返，你知道第1111根手指是哪只手的哪根手指吗？

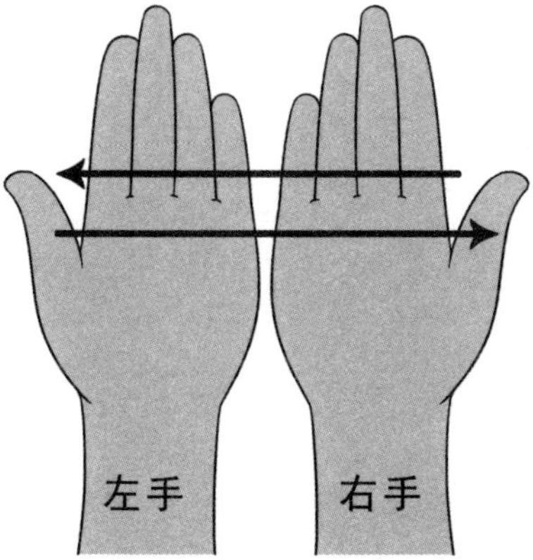

头脑发动机

这个归纳推理游戏看起来有点复杂，我们可以通过画表格的方式整理思路。在每次循环往复的计数中，计数的方向分为两种，将左手大拇指到右手大拇指的方向规定为正方向，将右手大拇指到左手大拇指的方向规定为反方向。两只手手指的排列顺序是固定的，依次是左手大拇指、食指、中指、无名指、小指，右手小指、无名指、中指、食指、大拇指，如下表所示。第1次，从左手大拇指开始，数到右手大拇指；第2次，往回数，从右手大拇指往左手大拇指数；第3次，从左手大拇指开始，数到右手大拇指；如此往复。

次数	左手					右手					方向
	大拇指	食指	中指	无名指	小指	小指	无名指	中指	食指	大拇指	
第1次	1	2	3	4	5	6	7	8	9	10	正
第2次	19	18	17	16	15	14	13	12	11		反
第3次		20	21	22	23	24	25	26	27	28	正
第4次	37	36	35	34	33	32	31	30	29		反
第5次		38	39	40	41	42	43	44	45	46	正
……											

通过表格，我们可以归纳出以下规律：①除了第1次计数有10个数字，其他每次只有9个数字；②奇数次的计数方向为正方向，偶数次的计数方向为反方向；③除了第1次，奇数次（正方向）的第一根手指没纳入计数，偶数次（反方向）的第一根手指没纳入计数。

由上可得，第1111个数字除去第1次的10个数字还剩1101个，1101÷9=122……3，可确定第1111个数字在124次，124

为偶数，所以计数方向为反方向，由于第一根手指没纳入计数，所以第1111根手指为右手的无名指。

找出商业间谍

开启游戏

美国纽约的一家房地产企业发生了几起商业机密泄露事件，造成的损失高达数千万美元。公司董事长对此极为痛心，他本打算召开董事会议，要求公司高层立即进行内部调查，但又怕打草惊蛇，让商业间谍趁乱溜走。

经过审慎的思考后，董事长花费重金聘请了经验丰富的侦探米歇尔，希望他能够进行秘密调查，尽快找出这个埋藏在企业内部的“定时炸弹”。

米歇尔对于侦破这类案件颇有心得，他有针对性地审查了一些会议记录，并将关注的重点集中在几次高层会议上。

该公司上半年召开过5次重要的高层会议，有3次会议的内容发生了泄露。其中有一次会议的主要议题是市中心一个大型工程的报价，本来公司有很大的把握能够拿下这个工程，可会议结束后没几天，竞争对手就向市政府提交了新的报价方案，价格恰好比该公司的报价低十几万美元，导致公司失去了这个唾手可得的大项目，最终损失超过1500万美元。

米歇尔认定董事长要找的商业间谍就在这次会议的参会人员

中，他将名单上的人员一一列出，再与其他几次会议的参会人员进行对比，发现了一个可疑对象——高级行政人员戈尔。

发生泄密的3次会议，戈尔都参加了；但没有发生泄密的2次会议，戈尔都因为在外地公干，未能参会。

米歇尔将自己调查的结果告诉了董事长，董事长立刻报了警，戈尔也被随后赶来的警察带走调查……

你认为米歇尔的推理过程可靠吗？戈尔会是商业间谍吗？

头脑发动机

这是一个非常典型的归纳推理游戏。米歇尔将该公司上半年重要的高层会议作为研究对象，而这些研究对象又可以分为两类样本，即发生泄密的3次会议和未发生泄密的2次会议。

观察第一类样本，我们能够发现的唯一共性是：每次会议的列席人员都有戈尔。

再观察第二类样本，我们能够发现的唯一共性是：每次会议的参会人员都没有戈尔。

由此可见，“戈尔是否参会”和“会议是否发生泄密”存在直接联系，而且因为会议只有5次（样本数量有限），我们可以考察全部样本，进行“完全归纳”，所以得到的结论是真实有效的。

因此，戈尔就是本案的最大嫌疑人，米歇尔和董事长的决定是非常正确的。

火鸡之谜

开启游戏

一个农场主养了一群火鸡。其中一只火鸡是一个优秀的归纳主义者。第一天早上，它发现主人早上9点前来给它们喂食。作为一个优秀的归纳主义者，它并没有着急下结论，而是每天耐心地观察。

通过观察，它发现，无论工作日还是节假日，无论晴天还是雨天，主人都会在早上9点准时给它们喂食。经过了几百天的观察，这只火鸡得出了一个结论：主人每天都会在早上9点给它们喂食。

然而，有一天，主人并没有按时给这群火鸡喂食，而是将它们宰杀了，你知道那只火鸡的判断为什么会出错吗？

头脑发动机

这是一个经典的有关归纳推理的故事。主人之所以没有在早上9点给它们喂食，是因为圣诞节来临，主人需要杀掉火鸡庆祝圣诞节。故事中，火鸡通过对大量数据进行归纳，得出主人每天早上9点给它们喂食这一结论。但是它却没想到圣诞节来临，主人会杀了它们来庆祝节日。

通过这个故事我们可以得到一个警示，即有时通过大量归纳得出的结论，不一定就是科学和正确的，有时甚至是非常可笑的。这个故事充分体现了不完全归纳推理的局限性，也告诉我们在进行归纳推理时，不要绝对相信结论的准确性，因为有一天，只要发现一个反例，这个结论就会被推翻。

桌子的数量

开启游戏

龙门酒店要办一场盛大的宴席，宴席的负责人张经理需要提前布置现场，让每一位到场的嘉宾都有座位。张经理准备将三张四人桌连接成一个长桌供嘉宾使用。预计到场的嘉宾有500位，为了避免有的客人没座位，张经理至少需要从仓库搬运多少张桌子呢？

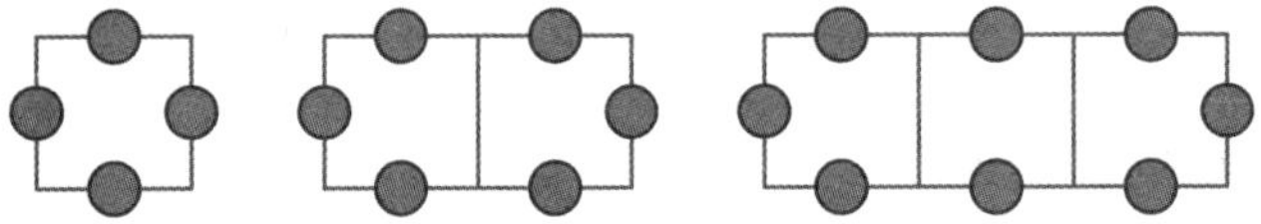

头脑发动机

这是一个典型的利用归纳推理解决生活中实际问题的例子。我们需要找出桌子数量n与座位数S之间的关系。

当n=1时，S=4；

当n=2时，S=6；

当n=3时，S=8；

……

不难发现，当增加一张桌子时，座位数增加2，所以S=2n+2。当S=500时，n=249，所以一共需要249张桌子。

搭建金字塔

开启游戏

在一堂数学课上，老师向大家介绍了三角形具有稳定性这一特性，又向同学们展示了如何用木棍搭建1层金字塔、2层金字塔、3层金字塔。老师让同学们想一想，如果要搭建10层金字塔，需要多少根木棍？正当各个同学绞劲脑汁地数数和思考时，数学课代表一下就说出了正确的答案。你知道他是怎么做到的吗？

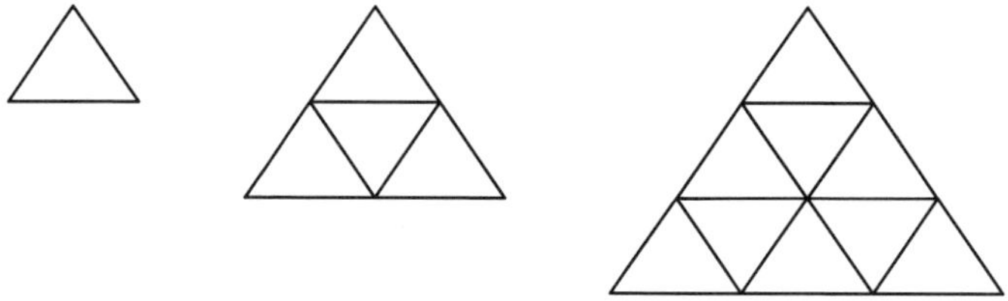

头脑发动机

观察金字塔结构，我们不难发现这些金字塔都是由三角形组成的，且1个三角形需要3根木棍。

1层金字塔包含1个三角形，所以需要3根木棍；

2层金字塔包含1+2=3个三角形，所以需要9根木棍；

3层金字塔包含1+2+3=6个三角形，所以需要18根木棍；

……

根据归纳推理，10层金字塔包含1+2+3+4+5+6+7+8+9+10个三角形，即55个三角形，1个三角形需要3根木棍，所以需要165根木棍。

动脑筋切大饼

开启游戏

牛聪明是山水镇有名的混混，平日里游手好闲，凭借一些小聪明骗点钱养活自己。一天，牛聪明在山水镇的街头支起一个小摊，小摊上摆满了热气腾腾的大饼，旁边还有几把小刀。镇上的人看见牛聪明摆起小摊卖大饼，以为游手好闲的他改了性，做起了正经买卖，便纷纷凑过去。然而，不看不知道，一看才发现这牛聪明哪里是卖大饼，分明是又打起了坏主意。

只见大饼摊前挂着一个牌子，上面写着：动脑筋切大饼，10元钱一次。谁能在10刀之内将一张大饼切成60份（每份的大小可以不一样），奖励现金1000元以及五张大饼。围观的人虽然嫌弃牛聪明不务正业，但也忍不住跃跃欲试，毕竟花费10元钱，有可能获得1000元钱大奖。不少人参加了这个挑战，但无一成功，牛聪明则在一旁忙着收钱。就在大家垂头丧气的时候，一个大学生走了过来，他看了看这个游戏，然后对围观的人说了一番话。牛聪明听完，连摊子都不收就跑了，你知道是为什么吗？

头脑发动机

牛聪明这是在用自己的小聪明骗取大家的钱财，人们根本无法在10刀之内将大饼切成60份。所以这个挑战的关键推理在于弄清楚切10刀最多能将大饼切成多少份。为了得到刀数n与其最多能切成的份数S之间的规律，我们可以利用归纳推理来帮忙。

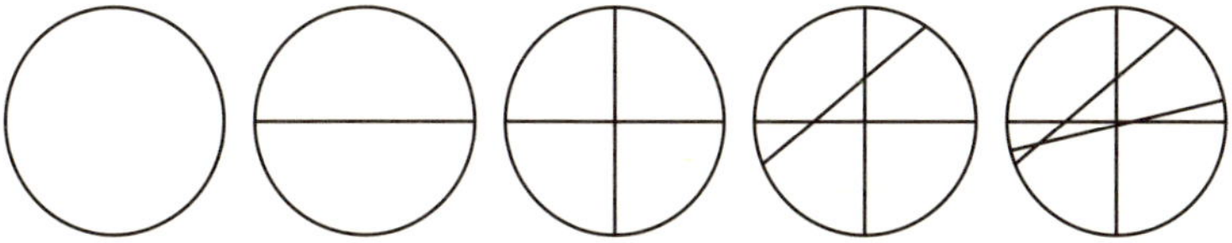

当n=0时，只有1块完整的大饼，所以$S_0=1$；

当n=1时，大饼最多分成2份，所以$S_1=2$；

当n=2时，大饼最多分成4份，所以$S_2=4$；

当n=3时，大饼最多分成7份，所以$S_3=7$；

当n=4时，大饼最多分成11份，所以$S_4=11$。

可知，N与S的关系如下：

N	0	1	2	3	4	……
S	1	2	4	7	11	

观察上面的规律，我们会发现：

$S_1-S_0=1$；

$S_2-S_1=2$；

$S_3-S_2=3$；

$S_4-S_3=4$。

所以第n刀切下后，比第n-1刀时多了n份，即$S_n=S_{(n-1)}+n$。所以第5次的最多份数为16，第6次为22，第7次为29，第8次为37，第9次为46，第10次为56。由此可知，这个挑战是根本不可能成功的，大学生拆穿了牛聪明的骗局，牛聪明便落荒而逃。

第三章

举一反三，提升类比推理能力

技巧简介：寻找相似之处，找出思维突破口

类比推理是根据两个对象在某些属性上相同或相似，通过比较而推断出它们在其他属性上也相同的推理过程。它和演绎推理都是根据事物的某些特征进行推理，但是类比推理是从特殊到特殊的推理，推理的结论具有或然性。虽然结论不一定正确，但是富有创造性，在创新和解决问题时能给予许多启发。

通过观察事物之间的相似性，或者人为地创造两者的相似性，我们能够将一个领域的知识应用到另一个领域，创造性地解决生活难题。

在运用类比推理解决问题的时候，首先我们需要找出两个对象在某些属性上相同或相似，然后推断出它们在其他属性上也相同，从而得到一个猜想，最后来检验猜想，得出结论。整个过程必须注意两点：一是两类事物是否真的具有相似特征，这是类比推理的大前提；二是由于类比推理的结果具有或然性，必须检验猜想，不能直接当作结论。

这里有一个错误地运用类比推理的例子，能够帮助我们更好地理解与掌握类比推理，避免犯错。鲸和鱼类有很多相似的特征，比如二者都是在海里生活，外形相似，但我们不能据此推断鲸是

鱼类，这样的猜想在检验时就会发现显然是错误的。

常见的类比推理可以分为两种形式：正类比和反类比。

正类比是根据两类对象已经具有某些相同的属性，由于一类对象具有某种其他属性，从而推测另一类对象也具有该属性的思维过程。比如：鸡蛋和拱形建筑的形状类似，鸡蛋具有很好的承压能力，进而推测拱形建筑也具有良好的承压能力。事实上，许多拱形建筑，如悉尼歌剧院、国家大剧院、鸟巢等，就是根据拱形具有良好的承压性能这一特点建造的。这就是正类比在生活中的应用。它能够将类比对象的某一属性类比到其他对象上面，为我们的工作和生活提供便利。

反类比是根据两类对象已经具有某些相同的属性，由于一类对象不具有某种属性，从而推测另一类对象也不具有该属性的思维过程。比如：金属钾和钠之间具有很多相似的特性，二者都是银白色、硬度很低、熔点很低的金属。根据钠不能放在空气中这一特性，我们可以推测钾也不能放在空气中。事实上，二者放在空气中都能与氧气和水发生反应。这种类比过程就是反类比，通过反类比可以推测某类对象不具有的属性。

类比推理过程中，两类对象具有的相同或相似属性越多，得出的猜想就越可能正确。

推理游戏：运用类比，拓宽思路

砝码的重量

开启游戏

一个商人有一块18克的砝码，但是不小心被摔成了四块。经过测量，这四块的质量刚好都是整数克，而且利用这四块摔碎的砝码能够测出1克到18克的所有整数克的质量。你知道被摔碎的四块砝码质量分别是多少吗？

头脑发动机

生活中，我们最常用钱去衡量一个物品的价值，用钱进行各种交易。以元为单位的人民币面额有1元、2元（现已取消）、5元、10元、20元、50元、100元共7种，总结起来就是1、2、5三个数字与0的组合。为什么会选择1、2、5而不是3、4、6、7等数字呢？因为数学证明，用1、2、5这三个数字能以最少的加或减的次数组成另外一些数字，比如1+2=3，5-1=4，5+1=6，

5+2=7。

通过类比推理，如果砝码的质量分别为1克、2克、5克、10克，是不是也可以用它们测量出其他任意整数克的质量呢？而刚好这几个数值的砝码质量加在一起等于18克。下面验证一下这四块砝码是否能测出1克到18克的所有整数克：1+2=3；5-1=4；5+1=6；5+2=7；10-2=8；10-1=9；10+1=11；10+2=12；10+1+2=13；10+5-1=14；10+5=15；10+5+1=16；10+5+2=17；10+5+2+1=18。经过验证，我们发现利用这四块砝码刚好可以测出1克到18克的所有整数克，所以摔碎的四块砝码质量分别为1克、2克、5克、10克。

有毒的牛排

开启游戏

凯瑟琳的丈夫死了。在此之前，凯瑟琳和丈夫正在一起享用晚餐，负责服侍他们用餐的老仆人也一直在餐厅没有离开。

警察赶到死者家里，看到凯瑟琳瘫在椅子上痛哭流涕，另一旁的男人倒在椅子上，满口白沫，已无生命迹象。经初步鉴定，死因是食物中毒。警察将目光投向餐桌，发现餐桌上有两块吃了一半的牛排，还有一把沾了牛肉碎屑的小刀。警察向凯瑟琳询问当时发生的情况。

凯瑟琳说：“当时仆人用刀把牛排分成两半，一半给了我，一半给了丈夫。但是我没想到的是，他吃了几口牛排后就口吐白沫，当场身亡，我吃了却没有一点儿事。”

明明是同一块牛排，只是分成了两半，为什么凯瑟琳吃了没事儿，而丈夫吃了就中毒了？你知道是怎么回事吗？

头脑发动机

本来是同一块牛排，只是分成了两半，凯瑟琳吃了一半没事，而丈夫吃了另一半却中毒身亡。一块牛排一分为二就变成有毒的和无毒的两块，很有可能与切牛排的餐刀有关。正好刀有两面，如果一面涂上毒药，一面不涂毒药，自然就可以在切割的时候让一块牛排有毒，而另一块牛排无毒。

汤姆自杀事件

开启游戏

警察接到报案，在一间房屋内发现了一个上吊而死的人。死者名叫汤姆，是一个身高只有150厘米的矮小男人，最近汤姆被诊断出癌症。警方从医院了解到，汤姆的癌症目前处于早期阶段，如果及早治疗，有很大可能痊愈，不过这需要花一大笔钱，这笔钱对汤姆家是一笔不小的开支。

史密斯是负责调查汤姆自杀案件的警官。他来到案发现场，仔仔细细地检查了一遍死者所在的房间。他注意到房屋中间悬挂的绳子下方有一条倒在一旁的凳子，然后转头询问汤姆的妻子："你买菜回来的时候，汤姆是站在这条凳子上上吊自杀的吗？"汤姆的妻子擦擦眼泪，点点头哽咽着说："是的，我当时回来看到他悬挂在半空，脚底下倒着的就是这条凳子。"史密斯把凳子扶好，站在凳子上摸了摸悬在半空的绳子，绳子正好和自己的脖子等高，然后看向汤姆的妻子，严肃地说："你别装了，凶手就是你！"

杀害汤姆的凶手就是汤姆的妻子，你知道史密斯是怎样判断出来的吗？

头脑发动机

我们来梳理一下整个案件。汤姆被发现于家中上吊，可能的自杀动机是无法承担昂贵的医疗费，怕连累家人。史密斯站在凳子上，打量死者上吊自杀的绳子，在这里，他发现了本案的漏洞。自己是一个正常身高的男人，脖子刚好能够到绳子，死者也应该和史密斯差不多身高才能够到绳子上吊自杀，但是死者是个身高150厘米的小个子男人，根本不可能像史密斯一样够到绳子。所以死者根本不可能以这种方式自杀。由于妻子表示自己亲眼见到汤姆上吊自杀，这说明妻子在说谎，汤姆的妻子就是杀害汤姆的凶手。

巧抓偷羊贼

开启游戏

1995年出生的陈华李大学一毕业就回家创业，在美丽的青藏高原开了一家牧场。经过了几年的艰难创业，如今陈华李的牧场走入正轨，从当初只有十几只羊的规模扩展到了1000多只羊的规模。牧场规模的扩大，也给陈华李带来了新的难题和挑战。最近陈华李发现，每次自己清点羊的时候总是发现有几只羊无缘无故地失踪了，陈华李认为极有可能是被草原上的狼给偷吃了，事实上，陈华李也经常见到被狼啃食过的羊的尸体。

羊群数量的增长导致陈华李没办法关注到每一只羊。陈华李听说德国的牧羊犬是守护羊群的好帮手，于是花重金买了一只纯种德国牧羊犬，负责守护羊群。事实证明，德国牧羊犬确实是守护羊群的好帮手。陈华李买的德国牧羊犬非常聪明，一旦有猛兽靠近羊群，牧羊犬就会追赶它们，直到吓跑它们。有时候，不熟悉的陌生人靠近羊群，牧羊犬也会吠叫起来。陈华李一听到牧羊犬的叫声就可以过去查看状况，避免被偷羊贼偷走羊。自从买了这只牧羊犬后，陈华李的牧场很少丢失羊，陈华李对此颇为满意。

一天傍晚，陈李华再次清点羊群，却发现一下子少了10只羊，陈李华找了半天，没有找到丢失的羊的踪影，也没有看见被猛兽吃剩下的残骸。陈李华认为肯定是偷羊贼偷了羊，不然怎么会没有一点痕迹。令陈李华纳闷的是，如果有人偷羊，自己怎么没有听到牧羊犬的叫声呢？村里的一个老者听到陈华李的羊被偷的事情，赶忙过来查看情况。老人一下子就确定了偷羊的是村子里的熟人，并在其中一个嫌疑人的院子里找到了丢失的十只羊。你知道老者是怎样知道的吗？

头脑发动机

牧羊犬见到熟悉的人不会叫，陈华李没有听到牧羊犬的叫声，这说明偷羊贼是村里的熟人。老者将偷羊贼锁定在陈华李认识的熟人身上，再一一排查，就找到真正的偷羊贼了。

鸡鸭数量

开启游戏

刘爷爷家里养了许多鸡和鸭。一天，小外孙放假来爷爷家里玩。小外孙自小生活在城里，第一次看到这么多鸡和鸭，表现得十分兴奋。

小外孙歪着小脑袋，好奇地问："爷爷，爷爷，这里有多少只鸡和鸭啊？"

爷爷笑笑，没有直接告诉小外孙鸡和鸭的数量，而是对小外孙说："你来猜一猜！院子里一共有40只鸡和鸭，把40只鸡和鸭平均分成两拨，也就是每拨有20只，保证每拨中必定有鸭有鸡。

在第一拨中，每次我抓两只动物，里面至少有1只鸡；在第二拨中，每次我抓两只动物，里面至少有1只鸭。你能根据我的话判断出鸡和鸭的数量吗？”

小外孙听了爷爷的话，疑惑地摇起了脑袋。你能帮小外孙推测出爷爷家里一共有多少只鸡，多少只鸭吗？

头脑发动机

一年通常有365天，如果一个学校总共有366个学生，则该学校里至少有两个人的生日在同一天。根据这个例子我们可以进行类比推理，在第一拨中的20只动物中，爷爷每次抓两只动物，里面至少有1只鸡，说明这20只动物中最多有1只鸭，由于每批肯定有两种动物，所以我们可以推理出第一拨动物中有1只鸭，19只鸡；在第二拨的20只动物中，爷爷每次抓两只动物，里面至少有1只鸭，说明这20只动物中最多有1只鸡，由于每拨肯定有两种动物，所以我们可以推理出第二拨中有19只鸭，1只鸡。综合这两拨鸡和鸭的数量，爷爷一共养了20只鸡和20只鸭。

均分饮品

开启游戏

一天，王小明的妈妈正在厨房给王小明和他的妹妹倒饮料。

王小明的妈妈将倒好的饮料分成了两份，放在两个完全相同的杯子里。

这时候，王小明的妈妈对两个孩子说：“你们经常因为争东西而吵架，认为爸爸妈妈偏心，你们有什么办法保证这两个杯子里的饮品一样多呢？我给你们一点提示，虽然两个杯子的形状不一样，但是重量是一样的。”王小明家里没有天平，也没有量杯，你有什么好的方法能帮助兄妹俩均分饮品吗？

头脑发动机

曹冲称象是大家耳熟能详的故事。聪明的曹冲让大象站在船上，然后往另一条船上放石头，待放入石头的船与大象所在的船的吃水一样深时，便不再放石头。然后令人用秤称出船上石头的重量，将所有石头的重量加在一起就是大象的重量。在这个推理游戏中，我们同样可以运用重量相等的原理。王小明可以将两个杯子分别放在两个完全相同的盛水的盆里，当两个盆中的水位上升高度一致时，盆里面的重物也一样重。由于杯子重量一样，所以饮料的重量肯定相同。通过此种方法，就能够保证两个杯子里的饮料一样多。

火车上的凶杀案

开启游戏

一辆火车行驶在地势险峻的西南地区，在进入一段很长的隧道时，发生了一起凶杀案。死者是车上的乘客，50岁左右，看上去是个有钱人，全身上下都穿着名牌服装。据坐在死者附近的几名乘客表示，死者生前带了一个黑包。当进入隧道的时候，车里光线变暗。突然有一个身影向死者这边走过来。乘客听到死者发出一声惨叫。火车出了隧道后，乘客看到死者胸前插着一把刀，随身携带的黑包消失不见了。警察通过排查，确定了三位嫌疑人，他们都是火车上的乘客。三位嫌疑人的证词如下：第一位嫌疑人说："当时我正在看书，过隧道时光线变暗，我就把书本合了起来，然后眯了会儿眼睛。"警察看到第一位嫌疑人手上确实拿着一本书，不像是说谎的样子。

第二位嫌疑人说："我在用手机看之前下载好的视频，突然听到一声惨叫，吓死我了。"

第三位嫌疑人说："我当时坐在位子上，跟朋友打电话。聊得太开心，以至于都没注意到有人发生了意外。"

正好，火车又穿过了另一个隧道。警察拿出手机看了看，判断出了谁在说谎。你知道警察是如何判断的吗？

头脑发动机

警察在火车穿过隧道的时候，发现自己的手机没了信号。根据类比推理，能推测火车在过其他隧道的时候，手机也是没有信号的，根本不可能打电话。就算有一点信号，勉强可以打电话，也是断断续续的，不可能聊得十分开心。由此判断第三个嫌疑人在说谎，他就是凶手。

细胞分裂

开启游戏

有一种细菌的分裂能力十分强大，从1个分裂成2个通常只需要1秒钟。在一个无菌的培养皿中放入1个这样的细菌，只需要5分钟该培养皿就会长满细菌。如果一开始放入4个这样的细菌，你觉得需要多长时间培养皿会长满细菌？（假设两次实验中培养皿长满的细菌数量是一样的）

头脑发动机

细菌从1个分裂成2个需要1秒钟，2个细菌分裂成4个细菌也需要1秒钟，所以细菌从1个分裂成4个需要2秒钟的时间。可见，在4分58秒中，细菌从4个到长满整个培养皿。在一个培养皿中一开始就放入4个细菌，需要4分58秒才能长满整个培养皿。

第四章

见微知著，提升观察推理能力

技巧简介：用敏锐的双眼寻找蛛丝马迹

生活中，我们经常会通过观察身边的人或事物来得到一些信息或结论。比如，看到一个人眼圈发黑，我们可能会认为他昨晚没有睡好觉；比如，看到一个人全身湿漉漉地进入室内，我们可能会猜测外面下雨了；再比如，坐公交车时发现有个人眼神鬼鬼祟祟，我们可能会防备这个人，怀疑他是小偷。这些在生活中非常常见的例子其实隐藏了一种重要的推理能力——观察推理能力。这种通过观察获取信息的能力就是观察推理能力。观察推理能力无疑在我们的生活中发挥着重要的作用，为我们的工作和生活提供了大量的参考和依据。

《折狱龟鉴》上面记载了一个借光辨伪的案狱故事。唐代垂拱年间，刺史裴光被湖州佐史江琛告发谋反罪，谋反的证据是一封裴光与徐敬业串通谋反的书信。武则天派人追查此事，裴光告诉审理的官员："我承认字是我写的，但话肯定不是我说的。"负责审理的官员也认为书信上的话不像是出自裴光，但这封书信如何解释？后来，这个案件转交给经验丰富的官员张楚金。

张楚金接手了这个案件，也十分发愁。一天，他拿着书信在窗户边踱步，窗外的阳光刚好照在信纸上。张楚金发现信纸的表面不是很光滑，仔细一看，原来这些字是用胶水一个一个贴上去的。张楚金把信纸放在水里，结果字一个一个全部散开了。经过审查，江琛承认了自己盗取裴光的书信，用胶水将字拼凑成谋反信诬陷裴光的事实。最后，裴光洗掉冤情，江琛因诬陷罪被杀头。

上面发生在古代的断案故事充分体现了观察推理能力的重要作用。张楚金凭借细致的观察，用敏锐的双眼发现蛛丝马迹，看到别人看不到的信息——信实际是一个一个字拼凑起来的，从而让此冤案的真相大白于天下。张楚金凭借细致的观察能力成功破案，避免了冤案的发生以及无辜生命的枉死。我们由此可以深知观察推理能力的重要性。

日常生活中有很多地方都体现了观察推理能力的重要性。比如，早上起来根据获取的天气信息决定穿衣的多少，避免自己感冒。再比如，商业谈判时，通过观察对方的微表情以及肢体动作，推测对方的心理状况，据此调整谈判策略，帮助己方获得更多的优势。观察推理能力在许多刑事案件的侦破过程中也发挥着至关重要的作用。破案的关键往往在于证据。如果通过观察发现了关键的证据，案情就能立即变得清晰明了。而有时漏掉了这些证据，整个案件的侦破就会陷入僵局，无从下手。所以，良好的观察推理能力，对警方是十分重要的。

如何培养自己的观察推理能力呢？这里有几点建议。

一、养成有意识、有目的、有选择性的观察习惯。生活中的观察大多是无意识的、没有目的性的活动，这种观察往往不会给我们提供需要的信息。当我们有明确的任务或者目标后，就会有目的、有选择性地观察。这种观察习惯能够帮助我们在面对问题时，迅速找到观察的重点，提取到解决问题的关键信息。比如，选择一个理发店理发的时候，我们可以通过观察各个理发店的环境、人流量、收费标准等信息，综合对比，选择合适的理发店。

二、养成观察事物后进一步思考的习惯。我们通过眼睛看到了很多事物，大脑虽然接收到了很多视觉信号，却未必能进一步挖掘其背后隐藏的信息。比如，坐公交车的时候我们会看到很多人，但很少能留下深刻的印象。趁着坐车的时候，不妨根据乘客的穿着打扮、肢体语言进一步猜测对方的职业，不用刻意花时间就能提高我们的观察能力。

三、养成细致的观察习惯和形成规范的观察步骤。细致无疑是观察所需的重要素质，但人很容易漏掉一些细节。这个时候，我们可以让自己形成一个有序的观察步骤。比如形成一个从上到下、从左到右或者从整体到局部、先形状后颜色的观察步骤，能有效地帮助我们观察时更加全面和细致，避免漏掉细节。

四、提高自己的推理能力。观察能够帮助我们获取各种信息，但是如何利用这些信息就需要推理能力来发挥作用。大量阅读相关的书籍，能够让我们打下良好的基础。养成一个多角度思考问题的习惯，能够让我们从信息中获取解决问题的思路。

推理游戏：细致观察，直击漏洞

四人的职业

开启游戏

周六下午，甲、乙、丙、丁四个人坐在一起聊天，他们聊起了各自的职业。这四个人的职业各不相同，分别是老师、外科医生、画家、厨师。现在分别描述这四个人的外貌。

甲十分和蔼可亲，脸上常带着笑意，身材有点消瘦，在他的右手内侧有一条斜向的印痕，手上有一处被刀割伤留下的伤痕。

乙留着一头鬈发，戴着一副黑框眼镜，身材高大而健壮，衣袖有点紧绷，在手背处有一些细小的伤疤，大拇指处还贴着一个创可贴。

丙中等个头，话不是很多，喜欢跷二郎腿，然后把手放在膝盖上听大家说话，偶尔点点头表示同意，可以看到他的大拇指几乎没有指甲，拇指和食指的关节非常突出。

丁讲话的时候嗓子有点沙哑，经常拿着一杯水，时不时喝上几口，头发上有一些白色的粉末。

你能从上面的描述中推测出大家的职业吗？

头脑发动机

这是一个通过外貌特征来推测职业的游戏，非常考验大家的观察推理能力。

甲身上有一个非常重要的线索，即右手内侧有一条斜向的印痕，可能是受到线的长期挤压拉扯形成的，由于外科医生做手术需要缝线，而其他职业用线的概率相对较小，因此我们可以推测甲是外科医生。手上有一处被刀割伤留下的伤痕也可以印证这一点，因为外科医生可能不小心用刀割到自己。

乙的衣袖有点紧绷，可以推测他的手臂强壮有力，由于厨师经常会用手进行翻炒等动作，双臂在长久的练习中自然会变得强壮有力，而且在炒菜切菜过程中也很容易被烫伤或被割到，所以根据描述，乙应该是厨师。

丙的拇指和食指关节突出，说明他经常会用到这两根手指，教师写字或者画家画画都有可能造成拇指和食指关节突出。再看对丁的描述，丁嗓子沙哑并时常喝水，头发上有白色粉末，我们能判断丁是教师，因为教师说很多话往往会导致嗓子沙哑，所以会经常喝温水来保护嗓子，而写黑板字会造成头发上有粉笔灰尘。那么丙就是画家，至于丙的大拇指几乎没有指甲，可以这样解释：画家画画是一件需要创造力的事情，但是灵感不是随时就有的。一旦画家苦于没有灵感，就会感觉到压力，咬手指是人在有压力的状况下很容易做的事情。

综上分析，甲、乙、丙、丁的职业依次是外科医生、厨师、画家、教师。

宝玉不翼而飞

开启游戏

刘大富有一块稀世宝玉。为了防止被别人偷窃，刘大富把宝玉放在密室里保管，并随身携带密室的钥匙。每到夜深人静时，刘大富就会一个人悄悄来到密室，坐在太师椅上把玩他的宝玉。

一天，刘大富像往常一样来到密室，却发现他的宝玉不见了。刘大富大惊失色，急得直跺脚。冷静之后，他赶忙命人请来侦探帮忙破案。刘大富告诉侦探："除了我的妻儿之外，我没有对别人说起过宝玉的事情。但是有一次，宝玉不小心被嗜赌成性的外甥看见了，还有一次被园丁撞见了自己从密室出来。"由于进入密室的门只有一扇，侦探怀疑有人偷了钥匙盗取宝玉，刘大富却认为这不可能，因为钥匙一直被他放在私密的地方，不曾丢失。侦探环顾了一下密室，看了看天花板，又看了看地面，知道是谁偷了宝玉。参照下图，你知道侦探是怎么判断的吗？

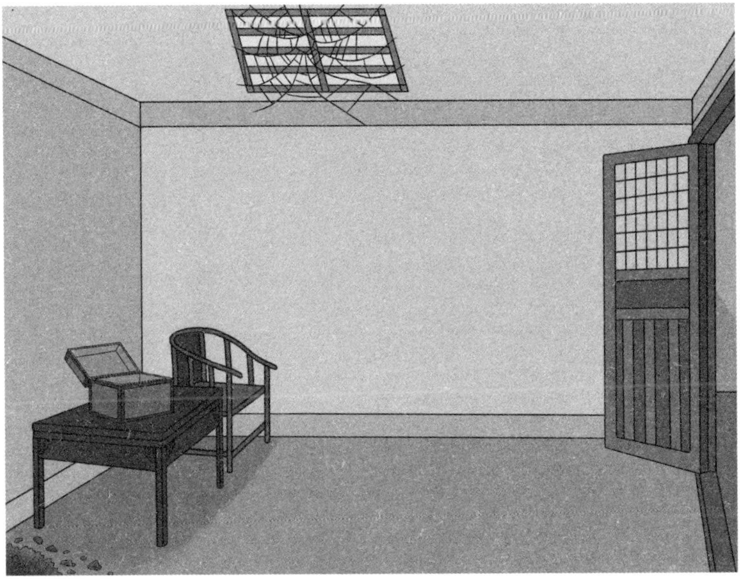

头脑发动机

观察这张图片，我们会发现密室除了一扇门，顶部还有一扇窗户。小偷很可能是从这里进入密室，盗取了刘大富的宝玉。但是仔细观察顶部的窗户，我们会发现窗户上有一张蜘蛛网，而且蜘蛛网是完整的。如果小偷从这里进来，势必不会留下完整的蜘蛛网。再仔细观察图片，我们会注意到图片的左边墙角有一些掘开的泥土。侦探正是看到了这些泥土，然后发现密室的墙角其实被人从外面挖了一个入口。修葺花园的园丁应该是最擅长这种挖土凿洞的工作，侦探据此找到了盗取宝玉的窃贼。

长八字胡的女人

开启游戏

袁华是个知名的画家，经常参加各种专家座谈会以及担任绘画比赛的评委。一天，袁华被发现死在画室，胸腹部以及大腿处有多处刀伤。警察并没有在案发现场发现凶手留下的指纹或者毛发等信息。在死者的面前有一幅女人肖像画。画中女人的嘴巴上面有两撇用血画上去的八字胡，似乎是死者在临死前留下的线索。警察通过排查，锁定了四个犯罪嫌疑人。第一个嫌疑人叫冯林雪，她是袁华的学生，不久前因抄袭别人的作品被袁华逐出师门。第二个嫌疑人是袁华的竞争对手苏强，由于学界经常将袁华

和苏强的画做比较，二人素来不和。几天前，二人因为一幅作品的版权大打出手。第三个嫌疑人是袁华画室的前清洁工李建国，李建国因偷窃画室名画被袁华开除。第四个嫌疑人是袁华的老师谷天其。由于一些私人原因，谷天其对袁华心生怨气，曾在杂志上公然诋毁袁华的作品。根据目击者的证词，这四个嫌疑人在袁华被杀前都曾来过袁华的画室。你能根据肖像画判定谁最有可能是凶手吗?

头脑发动机

死者在死前打算留下凶手的信息，那么最有可能写下凶手的名字。至于为什么只画上两撇胡须，可能是因为来不及写下完整的名字，就已经咽气。所以女人的两撇“胡须”，可能是某个名字的开头两笔。观察四个犯罪嫌疑人的名字，哪个名字的开头两笔与八字胡吻合呢? 我们会观察到袁华的老师谷天其的谷字刚好吻合，他可能是凶手。

但我们再细想一下，死者由于腿部以及胸腹部被刺多刀，肯定无法以正常的姿势正对着画布从左到右写字，所以只能躺在地上，伸长手臂在画布上写下凶手的名字。所以从死者所在的角度看画布，两撇“胡须”就会变成“冫”，这才是死者写的凶手名字的开头两笔。观察四个嫌疑人的名字，冯林雪的冯字正好吻合，所以冯林雪极有可能是凶手。

不在场证明

开启游戏

光明路39号的老年公寓最近发生了一起谋杀案，一个名叫福伦斯的老人被人捅死，发现时已经身亡。警察来到案发现场后，推测死者死亡的时间在昨天上午10点到12点之间。在死者的房间并未发现凶手留下的指纹、头发等信息。

通过调查，警察确定了一个犯罪嫌疑人，这个犯罪嫌疑人是老人的侄子罗比特，也是老人唯一的亲人。据调查，老人虽然住在老年公寓，却有一笔丰厚的财产，如果老人死了，老人的侄子就能获得这笔财产。警察还了解到，最近老人侄子的公司出了状况，急需用钱，罗比特不久前来过死者的公寓，不过当时二人大吵了一架，罗比特愤然离去。因此警察认为罗比特完全有动机杀死老人。

警察来到罗比特的住处，按了门铃。不一会儿，一个略显成熟和沧桑的男人开了门。

警察向男子出示证件，对男子开口说道："有个案件需要你配合我们调查一下。"

男子点点头。

警察向男子问道："请问你是罗比特吗？福伦斯是你的舅舅吗？"

男人说："是的，请问是出了什么事吗？"

警察问："你的舅舅昨天上午10点到12点之间被人给杀害了，

你知道吗？”

罗比特一脸吃惊地看向警察，对警察说：“哦，天啊，我完全不知道，我昨天恰好没去看望他老人家，没想到他就出事了，他可是我唯一的亲人啊！”

警察继续问：“那么昨天上午10点到12点之间你在干什么？”

男人告诉警察：“昨天那个时候，我一个人去海滩逛了逛，因为最近公司出了点事情，想要去放松一下。”

警察反问：“哦，是吗？”

男人掏出手机，对警察说：“是的，当时我还让路人帮我拍了一张照片，你们可以看一看。”说完，男人打开手机给警察看了他的照片，那是一张男人面朝沙滩的背影照片。

警察接过手机仔细地查看这张照片，罗比特以为警察肯定是

相信了他的不在场证明。没想到警察却对他说："你的照片是假的，你就是凶手。"罗比特愣住了，他实在想不出警察从哪里看出了这张照片的破绽。你知道警察是怎么知道犯罪嫌疑人在说谎的吗？

头脑发动机

上午10点到12点的时候，物体有非常明显的影子，观察照片右边的树就可以看到树的影子。但是犯罪嫌疑人站在沙滩上，却没有一点影子，完全可以认为犯罪嫌疑人是通过技术处理把自己放到照片上的，所以照片是假的，他的不在场证明是无效的。

谁是孩子的父亲

开启游戏

商场里有个小孩子不小心和父亲走散了，保安把他带到保安室，通过广播通知孩子的家长过来认领孩子，但是这时来了三位男士，都说自己是孩子的父亲，保安一时感到为难，你能帮助保安判断谁是孩子的父亲吗？

头脑发动机

这是一个运用观察推理解决生活中实际问题的游戏。如果我们仔细观察，会发现这个小女孩的右边扎了一个辫子，左边的头发是散开的。小女孩的发带一般都是成双成对的，那另一边的发带去哪里了呢？我们仔细看这三个男人身上，就会发现最左边的这个男人右手上戴了一个一模一样的发带，由此可以推断出最左边的这个男人正是孩子的父亲。

找出凶手

开启游戏

钱大富于今天早晨9点在家中被人杀死了，警察在案发现场并没有发现凶手留下的指纹或者毛发。根据走访调查，警察将犯罪嫌疑人的范围缩小到三个人身上，一个是借了钱大富的钱却赖账不还的阿宝，一个是想和钱大富分手却被钱大富纠缠的女友小红，一个是因爱慕小红而与钱大富大打出手的大华。这三个人都有作案的动机。警察去了阿宝和大华的家里，发现两人都不在家。大概中午12点钟，警察来到了小红的家里。

警察按了门铃，过了差不多一分钟，小红开了门。小红睡眼惺忪地打开门看向警察，看起来像是喝醉酒后刚睡醒的样子。警察询问小红："你今天早上9点钟在干什么？"小红告诉警察："早上9点我在睡觉。昨天晚上和几个姐妹喝醉了，一直睡到现在，直到刚才被你们的门铃声吵醒。"警察环顾了小红住的房间，严肃地对小红说："你不要装了，我们已经知道你在说谎

了。”小红知道自己露出了破绽，不得不供认了自己杀死钱大富的犯罪事实。下图是小红开门时卧室的照片，你知道警察是怎么判断出小红在说谎的吗？

头脑发动机

仔细观察这个房间，不难发现，在靠近窗户的桌子上有一杯热水，正冒着热气。如果小红是从昨晚一直睡到今天早上，这杯水就一定是昨天喝酒之前倒上的，到今天早上这杯水肯定凉了，不会冒着热气。由此推测小红并没有一直在睡觉，她在说谎。

百万富翁的继承人

开启游戏

百万富翁刘能死了，他仅有一个儿子，但这个孩子失散多年，杳无音信。私人侦探王武按照富翁死前的遗嘱，负责找到富翁的独子。富翁留给侦探的唯一线索是一张他儿子小时候的照片，但是孩子失散多年，相貌早已经发生了变化，要从茫茫人海中找到富翁失散多年的儿子十分困难。于是侦探在报纸上刊登消息，让看到这张照片的人邮寄一张自己的照片过来，待侦探确认后会与之联系。侦探从众多的照片中挑取了三张很有可能是富翁孩子的照片，聪明的你能通过观察帮助侦探找到百万富翁的继承人吗？

头脑发动机

观察这四张照片，我们会发现一个共同点，就是每个人脸上都有一颗痣，但是痣的位置不同。乍一看富翁儿子小时候的照片，痣在右边嘴角，这时我们很容易认为第一个男人是富翁的继承人。如果再仔细观察一下孩子小时候的照片，我们会发现在照片的右边有一竖行小字，仔细一看，这一行字有些奇怪，像是正常的字在镜中所呈现的样子。这就证明富翁儿子小时候的照片是左右翻转的，富翁儿子脸上的痣应该在左边嘴角。据此推理出第三个男子才是真正的百万富翁继承人。

贼喊捉贼

开启游戏

有一个富商，腰缠万贯，家里的装修十分豪华，地面铺着厚厚的羊毛毯，踩上去十分柔软，没有一点声音；墙上画着壁画，令来到富商家里的人无不叹为观止。富商的房子非常大，导致管家每次都需要花几分钟的时间才能从自己的卧室赶到主人的卧室。富商的卧室里挂着一幅名画。管家有时候到富商的卧室听富商安排工作，有幸目睹过这幅名画。

一天，富商把管家叫来，告诉管家自己需要外出几天。因为卧室里有几盆珍贵的花草需要每天浇水，所以富商把卧室的钥匙交给管家，方便管家每天进去给花草浇水。临走前，富商特意叮嘱管家，一定要好好保管钥匙，不能让别人偷了卧室里面的名画。

当富商回家的时候，发现卧室的名画不见了，卧室的窗户被人打碎了，留下了许多玻璃碴，显然有人打破窗户偷了画。管家跪在富商面前，向富商哭诉道："对不起，都是我照管不周。我时时刻刻都牢记您的叮嘱，把钥匙放在身上，没想到那窃贼却砸了窗户，偷了这幅画，我真是该死！"富商知道怪罪管家也无济于事，于是请来自己的侦探朋友帮忙追查失踪的名画。

侦探朋友问管家："卧室的窗户被砸的时候，你是否听见了？"

管家哽咽地说道："当时我正在房间睡觉，听到一声剧烈的响声，就跑出来查看。我打开主人卧室的门，发现一个窃贼正抱着一幅画从窗户逃出去。我大声叫人捉贼，可谁知还是让窃贼逃了出去。”

侦探再次问管家：“你确定清楚地听到窗户被砸的声音？”

管家点点头。

侦探朋友又问了问仆人：“当时你们看到贼了吗？”

仆人回答：“当时听见管家在喊人捉贼，就赶紧跑了进来，但是贼跑得太快，没看到他的身影。”

侦探听到这儿，大声对管家说：“别装了，偷走名画的人就是你，你不要在这里贼喊捉贼了。”

管家的谎言被侦探识破，最后只得招认了自己偷画的行为。你知道侦探是怎么判断出来的吗？

头脑发动机

通过细致分析管家的话，我们可以找到管家话中的漏洞。富商家里的地面全铺着厚厚的地毯，踩上去几乎没有声音，再加上富商的房子非常大，管家从自己的卧室要走几分钟才能到主人的卧室。由此可以推断出，即使是窃贼砸碎了玻璃，管家也根本不可能听到剧烈的响声。所以管家的话是存在漏洞的，加上别人根本没有看到窃贼的身影，更加印证了管家在撒谎。所以侦探推断管家是偷画的人。

死者留下的字母

开启游戏

一个寒冷的冬天，大雪纷飞。警察局接到报案，称某公寓的一个住户被人杀了。警察来到案发现场，发现死者俯卧在地上，胸部朝下，背上插着一把刀，刀从背部贯穿死者的胸口。经过尸检，证实死者正是死于背上的刀伤，且死亡时间超过了12个小时。警察未在刀上提取到凶手的指纹，也未找到凶手的其他关键信息。

警察把死者抬离地面准备做进一步检验的时候，在位于死者胸口部位的地面上发现了一串用血写的字母。字迹有点模糊，仔细辨认发现是两个英文字母“DC”。两个字母的下方是一块血迹，血迹遮住了一部分字迹。死者留下的字母极有可能是凶手的名字。死者为防止被凶手看见，用自己的身体挡住了字迹。

因为现场没有被翻动过，也没有丢失财物，警察认为这起案件应该是仇杀，作案者可能是熟人。通过走访死者的亲戚朋友，警察锁定了两个犯罪嫌疑人，这两个犯罪嫌疑人与死者都有很深的仇怨。其中一个犯罪嫌疑人名叫包深。包深的老婆与死者有暧昧关系。几天前，邻居听到包深对着死者大喊大叫，说出“敢碰我老婆，看我不弄死你”的狠话。另一个犯罪嫌疑人名叫龙华，几年前被死者举报酒后驾车撞人逃逸，抓进牢里，受了几年牢狱之灾，这几天刚好出狱。警察认为这两个人都有很强烈的作案动机，但是让警察疑惑的是，这两个犯罪嫌疑人的名字缩写字母没有一个是“DC”，难道死者留下的“DC”和案件完全没有关系吗？

一位有多年办案经验的老警官来到案发现场，俯身细细观察地面上留下的字母，看着字母下方的一块血迹，老警官恍然大悟，确定凶手就是犯罪嫌疑人中的一个。你知道凶手是谁吗？

头脑发动机

两个犯罪嫌疑人名字的字母缩写分别是“BS”“LH”。死者留下的两个字母是“DC”。仔细观察，“DC”正好是“BS”的上半部分。警察在发现这两个字母的时候，这两个字母正好位于死者的胸口下方，不巧死者胸口中刀，有很多血从胸前流了下来。而流下的这摊血，恰好覆盖了死者原来写的凶手名字“BS”的下半部分，导致警察认为凶手名字的缩写是“DC”。老警官据此找到了凶手。

周五晚上

开启游戏

警察接到报案，富源公寓的506号房间发生了一起凶杀案。死者是一名电商平台的主播，靠直播带货为生。警察在死者身上发现多处刀伤，但并未在案发现场找到其他线索。

通过调取监控录像，警察发现晚上10点之后没有人离开该公寓，晚上10点半后，没有人进入公寓。结合案发时间以及监控录像，凶手应该没有离开富源公寓，或者就是富源公寓的住户作案。警察根据这一线索展开了挨家挨户的调查，其中有四名住户引起了警察的注意。

第一名住户是403房间的居民，他披着外套开门，看到屋外的警察，显得有点不知所措。他说："我每天早上要送孩子上学，晚上大概10点半就和孩子上床睡觉了，不清楚外面的事情。"话音刚落，卧室传来孩子打闹的声音。第一名住户补充道："刚才孩子也醒了，一醒来就喜欢在床上乱蹦乱跳。"

第二名住户是609房间的居民。警察看到他的房间里立着一个带有光源的手机支架，经过询问得知该住户也是一名主播，和死者在同一个电商平台直播带货。他告诉警察："今天晚上我从7点半开始直播，直到11点结束。结束后卸了妆在床上睡觉，直到你们敲门。"

第三名住户是1209房间的居民。警察敲门后等了很长时间，该住户才开门。警察在该名住户的客厅发现残留的血迹。经过询问，该住户吞吞吐吐地告诉警察："我和老婆大吵了一架，不小心将她推倒，脑袋正好磕在了桌角上，流了很多血。你们敲门的时候，我正在收拾客厅，免得外人看见了说闲话。"警察在卧室里确实看到了一个额头上包着纱布的女人，女人看起来十分憔悴与悲伤。

第四名住户是708房间的居民，他看起来十分年轻。该男子告诉警察："晚上10点半后，我在玩游戏，中途点了个外卖。拿到外卖刚吃完就听到你们的敲门声。”警察在客厅的桌子上发现了一份吃完的外卖，看起来这个男子没在说谎。

警察通过分析四个人的话，找到了杀害死者的凶手。你知道是谁吗？

头脑发动机

细致分析四个人的话并与已掌握的信息进行比对，我们就会找到凶手。监控录像显示，晚上10点之后没有人离开公寓，晚上10点半之后没有人进入公寓。根据第四名住户的话——晚上10点半之后点了份外卖，我们可以判断他在说谎，因为10点半之后压根没有人进入公寓，不可能有人给他送外卖。所以第四名住户就是凶手。

凶手的破绽

开启游戏

晚上9点的时候，一栋12层的居民楼突然停电，大概过了5分钟后，该栋居民楼的供电就恢复了。但是供电恢复之后，这栋楼的居民发现3楼门牌号为301的住户意外坠楼，不幸身亡。

警察接到报案，来到现场。经过侦查，警察在死者的房间发现了打斗的痕迹，这说明死者不是意外坠楼，而是被人推下去的。通过排查，警察将犯罪嫌疑人的范围缩小到了这栋楼里的三名住户，他们与死者都有十分严重的矛盾。他们三个人的房间分别在这栋楼的201、305、407房间。三个房间与死者的住处相近，三人都有足够的时间作案。

警察问这三个嫌疑人："停电的时候，你们正在干什么？"

第一个嫌疑人说："当时我正在洗澡，没想到突然停电了，就待在浴室等了一会儿，没想到几分钟后电就来了，你看我的头发都是湿的，肯定没有说谎。"

第二个嫌疑人说："停电的时候，我就已经躺在床上了，正在用手机收听广播节目。然后一直在听节目，直到你们上门找到我。"

第三个嫌疑人说："当时我正在和女朋友打电话，停电导致网络中断，我就躺在沙发上睡了一小会儿。"

警察从三个人的供词中，判断出了谁是凶手。你能根据嫌疑人的口供判断出谁是凶手吗？

头脑发动机

仔细观察，我们会发现第三个嫌疑人的供词存在漏洞。因为停电之后，虽然网络中断，但并不影响正常使用手机打电话。所以第三个嫌疑人在说谎，他就是凶手。

找出凶手

开启游戏

中午12点，安东尼被发现死在家中。警察来到死者家中，发现安东尼的胸部被一把小刀刺中。警察并没有在案发现场发现凶手的指纹或者毛发。通过调查，警察确定了三个嫌疑人，他们分别是安东尼的弟弟劳伦斯、查尔斯和妹妹史蒂文。他们四个最近为争夺父亲在公司的股份闹得不可开交。安东尼认为股份的份额应该按照长幼顺序来分配，自己是老大，又对公司的贡献最多，理应分得最多，其次是二弟劳伦斯、三弟查尔斯、四妹史蒂文。这样的分配方法自然不能让他的弟弟妹妹同意，他的弟弟妹妹都有动机杀掉最有可能分得最多股份的哥哥。警察通过电话联系这几个嫌疑人，让他们来警察局一趟配合调查，下面是警察与这三个嫌疑人的部分通话记录。

1.与劳伦斯的通话记录

“你好，请问是劳伦斯吗？这里是警察局，麻烦你下午2点来警察局一趟。”

“你好，我是劳伦斯，请问有什么事吗？”

“你的哥哥死了，需要你来警察局一趟。”

“什么？安东尼昨天还和我见过面。好的，下午我会到。”

2.与查尔斯的通话记录

“你的哥哥死了，需要你来警察局一趟。”

“安东尼死了？怎么回事？”

“详情会在见面时告诉你。”

“好的，我会准时到的。”

3. 与史蒂文的通话记录

“你的哥哥死了，需要你到警察局配合我们调查一下。”

“哦，天哪，发生了什么事？”

“今天下午2点，麻烦来一趟。”

“好的。”

警察通过与安东尼三个弟弟妹妹的通话，确定了杀死安东尼的凶手。你知道凶手是谁吗？

头脑发动机

凶手是查尔斯，因为查尔斯有两个哥哥，警察只是说了他的哥哥死了，并没说是哪一个哥哥死了，而查尔斯就说“安东尼死了”，这意味着他事先知道安东尼死了，所以查尔斯是杀害安东尼的凶手。

哥哥是凶手

开启游戏

杭州的一家酒店里发生了一起谋杀案。下午2点，负责打扫卫生的酒店服务员见6188房间的客人张思哲迟迟没有下来办理续住或者退房手续，便来到客人所在的房间，提醒客人需要办理续住手续才能继续住宿。但是，服务员按了好几下门铃，始终没有听到房内有任何动静。服务员只好用备用钥匙打开了房间。开了门后，服务员发现客人倒在床上，胸前插了一把刀，血染红了整个床单，已经没有了生命迹象。服务员受到惊吓大叫一声，随后报了警。

警方赶紧前往酒店的案发现场，通过调查发现死者并非本地人，常年居住在A地。前几天死者从A地来到B地，并在这家酒店办理了入住手续。监控录像显示，昨晚半夜2点钟，有一个戴着黑色帽子的男人曾进入过死者的房间，过了10分钟后，该男子从房间离开，消失在监控录像中。初步判断，这个戴黑帽子的男人很有可能是凶手。

警察联系了死者的家属，死者在世的亲属只有一个哥哥，名叫张思学。警察了解到，张思学与死者以前在同一家公司工作，都是公司的合伙人，后来兄弟两人产生矛盾，就拆分了公司，各干各的，很少来往。尽管死者与张思学的感情不好，鲜有来往，但警察还是联系了他。

“你好，请问是张思学吗？你是不是有一个弟弟名叫张思哲？”

“是的，请问怎么了？”

“我们接到报案，你的弟弟在酒店被人谋杀了。”

“哦，天啊，虽然我和弟弟已经好久没有往来，但是听到弟弟离世的消息，还是感到十分悲痛。”

“死者之前告诉过你要去外地吗？”

“我们之前闹了矛盾，很久没联系了，我不知道他怎么会去B地。”

“哦，那请你来警察局录个口供，我们还需要详谈一下你弟弟的情况。”

“好的，我马上来。”

当死者的哥哥来到警察局时，警察就逮捕了他，认定他就是凶手，你知道警察是如何判定张思学是杀死张思哲的凶手的吗？

头脑发动机

弟弟在外地被人杀害，警察并没有告诉他弟弟是在哪里出事的。他也表明自己没有和弟弟联系，但是却无意说漏嘴，说弟弟去了B地。这说明他知道弟弟的行踪，但却对警察撒谎。所以他就是杀死弟弟的凶手。

数字与图形

开启游戏

观察下面的数字与图形，请问问号处应该填什么？

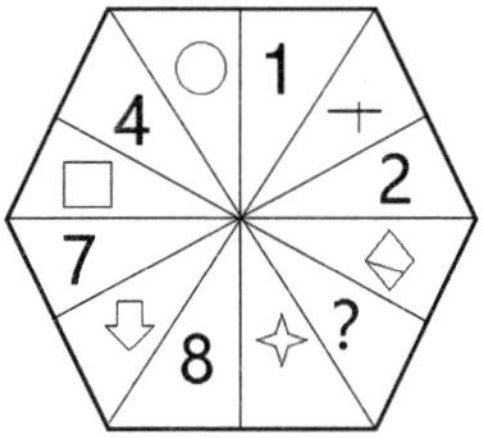

头脑发动机

观察上图，我们会发现数字和图形成对出现，数字与它的成对图形之间的关系为数字表示组成图形需要的线条数，所以问好处应填入5。

缺失的图案

开启游戏

观察下面的图形，请你从A、B、C、D四个选项中选出最适合的图形填入问号号处。

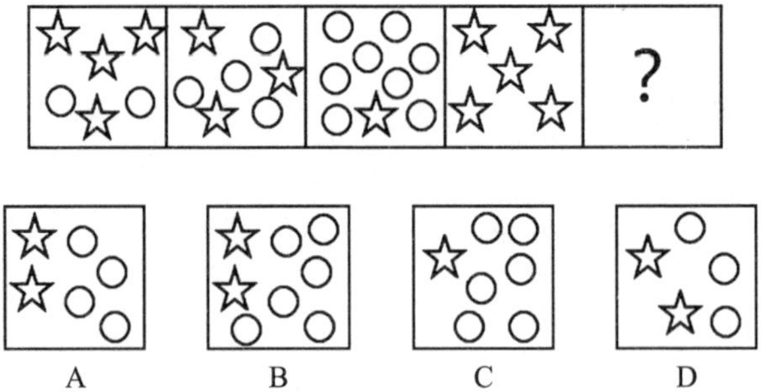

头脑发动机

观察题干的图形，我们会发现第4格图内有5个五角星，前3格图内分别有4个、3个和1个五角星。如果我们假设第1格图内的2个圆圈相当于1个五角星的话，第2格图内的4个圆圈则相当于2个五角星，第3格图内的8个圆圈则相当于4个五角星，这样一来，这三格图内都相当于有5个五角星。以此类推，B选项中有6个圆圈，相当于3个五角星，所以B选项就是最适合的图形。

第五章
洞悉未知，提升抽象推理能力

技巧简介："抽"出事物的本质属性

纷繁复杂的世界充满了各种各样的信息，让人眼花缭乱，但并非所有的信息对我们都是有用的。我们需要从纷繁复杂的信息中提取、筛选出有用和有价值的信息，进一步厘清复杂事情的内部关系，找出事情的本质。这种抽取事物本质的能力就是抽象思维能力。这种能力让我们更加关注事物的本质特征，化繁为简，用更加理性的思维思考问题、解决问题，发现事情的真相。

抽象思维能力表现在能够用符号、概念等描述事物的信息，或者能够提炼出一类事物的关键属性并用一个概念对这类事物加以概括。比如，计算一个操场的面积时，我们可以用符号S代表面积，字母a、b分别代表操场的长和宽，简化书写。再比如，看到桌子上有3个梨子、4个芒果、2个苹果，我们可以用一个概念概括这几类事物，告诉别人桌上有许多水果。

抽象思维能让我们用更加严谨的态度去认识事物，用更加理性的思维去分析事物。在一些案件的推理过程中，这种能力能帮助我们拨开重重迷雾，不被罪犯设置的假象迷惑，发现案件的真相。在工作中，借用抽象思维能力，我们可以深刻准确地反映客观事实，提高决策的准确度。

在抽象推理的过程中，我们需要分析、比较与综合。通过详细分析，我们可以概括出事物的特点；通过比较差异，我们可以找出事物的本质特点；最后，我们将具体的事物概括成一个高度抽象的概念。

推理游戏：跳出具象，升级认知

翻转硬币

开启游戏

在一个黑暗的环境里，桌子上放着30个正面朝上的硬币。现在要求你每次必须随机翻转2个硬币，有可能让15个硬币正面朝上，15个硬币正面朝下吗？

头脑发动机

在这个游戏中，我们很容易陷入具体的“怎么翻”的问题中，最后把自己绕进去。这时候，我们应该跳出具象思维，用一种抽象思维来解答这个难题。环境黑暗，导致我们无法知道每次翻转的硬币原本的朝向。但是，每次翻转的两个硬币，其原本朝向有且仅有三种情况，第一种情况是一正一反，第二种情况是两正，第三种情况是两反。这时候我们可以分三种情况进行讨论。

如果翻硬币时出现第一种情况，那么实质上硬币朝上和朝下的个数是没有改变的，等于没翻。如果翻硬币时出现第二种情况，原本两个正面朝上的硬币就变成了两反，在这种情况下，反面朝下的硬币总是成对增加的。如果翻硬币时出现第三种情况，翻过去的硬币就变成了两正，在这种情况下，反面朝下的硬币总是成对减少的。

综合这三种情况，反面朝下的硬币只能成对增加或成对减少，即硬币反面朝下的个数只能是偶数，所以不会出现15个硬币正面朝上，15个硬币正面朝下的情况。

分鸡蛋的问题

开启游戏

有这样一个游戏，假设你有5000个鸡蛋，然后给你100个盒子，你能够让每个盒子里的鸡蛋数量都不相等吗？

头脑发动机

面对这个问题，如果我们的关注点一直在“哪个盒子应该放多少个鸡蛋”上面，是很难解决的。这时候应该跳出具体的“怎么分”的问题，用抽象的数学符号、公式来进行运算。

首先从1到100给100个盒子标记次序，并假设第1到第100个盒子里的鸡蛋数和序号同步增加。即第1个盒子里至少有1个鸡蛋，第2个盒子里至少有2个鸡蛋，第3个盒子里至少有3个鸡蛋，第4个盒子里至少有4个鸡蛋……第99个盒子里至少有99个鸡蛋，第100个盒子里至少有100个鸡蛋。所以，要保证100个盒子里的鸡蛋数量不相等，则至少有1+2+3+4+……+99+100=（1+100）/2×100=5050个鸡蛋。而现在只有5000个鸡蛋，所以不能保证100个盒子里面的鸡蛋数量不相等。

王婆巧分米

开启游戏

老李村的王婆今天去镇上买了一袋50斤的大米。刚回到家，还没来得及坐下喝口水，王婆就看见儿媳妇朝自家方向走来了。王婆心想儿媳妇肯定是看见自己赶集回来，又想“趁火打劫”了。王婆的儿媳妇懒得上街买米，就一直从王婆这里借，虽然是借，却从未还过。王婆碍于面子也不好开口要。

儿媳妇走进王婆的家门，亲切地说：“妈，借点米呀！家里一点米都没有了，天色这么晚，又来不及去镇上买呀！国俊（王婆的儿子）下班等着吃饭，他在外面工作一天累得很，不能饿着他，先从您这儿借一点。”

王婆知道这妇人吃准了自己心疼儿子的心理，认定自己会借米给她。想到自己一把年纪，从镇上那么远的地方买米背米，完全没享受到儿媳妇的半点好处，还要被懒儿媳妇“打劫”，王婆气就不打一处来。

王婆思索了一会儿，笑着对儿媳妇说："我肯定会借，不过我一把年纪，难得上街买一次米，就只能借你今晚吃的，等明天你自己去街上买了米再还我。"

儿媳妇皱了皱眉头，笑笑说："也行，就借今晚吃的。只是到时我不知道还给您多少呀！"

王婆说："1斤米够你们今晚吃了，我借你1斤，到时你还我1斤就好。"

儿媳妇面露难色，因为她原本想借个十来斤，这样就能顶好多天，不用马上去街上买米。碍于面子，儿媳妇只得点头答应，毕竟她也知道自己好吃懒做，十分不招婆婆待见。

王婆找出家里的天平，发现只有一个6斤的砝码，犯了难，但很快，王婆就想出了主意，给儿媳妇分了不多不少刚好1斤的大米。儿媳妇只好拿着这1斤大米回家了。

你知道王婆是怎样巧妙地从50斤大米中分出这1斤大米的吗?

头脑发动机

王婆利用天平平衡即"天平两边重量相等，天平平衡"的原理来进行分米。具体做法如下：

第1步，将6斤的砝码放在一边，然后把50斤的大米分别加在两边，使天平平衡。此时天平两边米的重量分别为28斤、22斤。

第2步，仍将6斤的砝码放在一边，然后把22斤的大米分别加在两边，使天平平衡。此时天平两边米的重量分别为14斤、8斤。

第3步，仍将6斤的砝码放在一边，然后把8斤的大米分别加在两边，使天平平衡。此时天平两边米的重量分别为7斤、1斤。

精打细算

开启游戏

王大妈是个精打细算的女人，虽然已经50岁了，儿女都已成家立业，但还是不肯闲着。最近王大妈开了一家餐馆，生意做得风生水起。现在正值鱼腥草上市的季节，王大妈准备去菜市场买一些鱼腥草，给餐馆添点时令小菜。

王大妈来到菜市场，看到一个老板的货架上正好有很多新鲜的鱼腥草，便问老板："老板，您这鱼腥草多少钱一斤？"

老板用粗厚的嗓音回答道："5块钱一斤。"

王大妈又问："要是我买100斤能不能便宜一点？"

老板答："100斤本来要卖500块的，但是您买得多，给您算480块。"

王大妈想了想，再问："我可以只买根或者叶子吗？"

老板答："根的话3块钱一斤，叶子要6块钱一斤。"

王大妈点了点头，最后买了100斤鱼腥草，只花了450块钱。

你知道她是怎么做到的吗？

头脑发动机

这是一个将抽象的数学运算应用到生活实际问题中的例子。王大妈最后买了50斤根、50斤叶子。根3元一斤，需要支付150元，叶子6元一斤，需要支付300元。所以王大妈最后共花了450元买到了100斤鱼腥草。王大妈之所以能用更加优惠的价格买到100斤鱼腥草，在于鱼腥草整棵卖的时候根的价格是5元一斤，分开卖根却只要3元一斤。

药剂师的难题

开启游戏

药剂师在配制一种特效药水的时候，遇到了一个难题。事情是这样的，药剂师需要用两种进口瓶装药片配制该特效药水。每配制一瓶特效药水，需要4片A药片和4片B药片。由于A药片和B药片分别放在两个瓶子里，药剂师每次只需要取出4片A药片和4片B药片，放在药水瓶中溶解，混合均匀即可。配药的工作进行得非常顺利，不一会儿两个瓶子中就各自只剩下8片药片了，正好够配制两瓶特效药水。

待药剂师准备配最后两瓶特效药水的时候，意外发生了。药剂师临时出去接了个电话，却因为忘记锁门，结果他的孩子偷偷溜进配药房，将剩下的8片A药片和8片B药片混在了一个瓶子里。药剂师打完电话进入房内，看到混在一起的16片药片，可急坏了，因为A药片和B药片的外形、颜色、质量、大小一模一样，完全区分不开两种药。

进口药片非常贵，如果直接放弃最后两瓶特效药水的配制，将损失好几千块钱。药剂师既生气又后悔自己为什么忘记锁门，一个人愁眉苦脸地抱头坐在药房的椅子上，过了好久，药剂师突然灵机一动，成功地配制了最后两瓶特效药水。

你知道药剂师是怎么做到的吗？

头脑发动机

这个游戏中，我们的目的是将混在一起的8片A药片和8片B药片配制成两瓶特效药水，即每一瓶特效药水中都要含有4片A药片和4片B药片。由于混在一起的药片是一模一样的，把8片A药片和8片B药片区分开再配制，这种思路显然是不行的。

另一种思路是将这16片药片每片都平均分成两半，通过电子秤保证两半的质量一样，然后将这两半分别放进一个瓶子中，由于这几片药片中必定包含8片A药片和8片B药片，所以把每片药片都分成两半也一定能保证新配制的这两瓶药包含同样的成分。

缺失的词语

开启游戏

观察下面这组词语。请你试着寻找规律，再从A、B、C、D四个选项中选出最适合的词语填入最后一栏：

大象	猴子	犀牛	斑马	豹子	驯鹿	考拉	

A.北极熊　　B.鲨鱼　　C.蜥蜴　　D.猫头鹰

头脑发动机

这是一个比较简单的抽象推理游戏，在玩游戏时，我们可以用心观察表格中的词语所代表的几种动物，找出它们之间的共性，最后找到答案。我们不难发现，前面的几种动物都属于哺乳动物，所以最后一栏填入的也应该是哺乳动物类词语。四个选项中只有北极熊属于哺乳动物，所以答案是A。

商人买钉子

开启游戏

商人牵了一匹马走到一个铁匠铺前，他的马蹄铁上的钉子全掉了，需要换新的钉子，一共12个。铁匠告诉商人一个钉子需要100文钱。商人觉得价格太贵，于是询问铁匠能否优惠。铁匠说：“你还可以按照这样的方式来支付，第1个钉子付1文钱，第2个钉子付2文钱，第3个付4文钱，以此类推，后面一个钉子的价格是前面钉子的2倍。”你觉得哪种方式更加优惠？

头脑发动机

以第一种方式支付的话，12个钉子需要12×100=1200文钱，第二种方式12个钉子需要$1+2+4+8+16+\cdots\cdots+2^{10}+2^{11}=4095$文，所以第一种方式更加优惠。虽然以第二种方式支付一开始钉子的价格非常便宜，但后面的价格呈指数增长，很快总数就大大超过100文钱。

空瓶换饮料

开启游戏

一家冷饮店里花1元钱可以买1瓶饮料，2个空饮料瓶可以换1瓶饮料。假设王小明手里有1000元钱，这些钱都用来买饮料，喝完的空瓶也都用来换饮料，你觉得王小明一共可以喝到多少瓶饮料？

头脑发动机

我们的常规思维可能是这样的：1000元可以买1000瓶饮料，1000瓶饮料喝完剩下1000个空瓶，1000个空瓶可以换500瓶饮料；500瓶饮料喝完剩下500个空瓶，500个空瓶可以换250瓶饮料；250瓶饮料喝完剩下250个空瓶，250个空瓶可以换125瓶饮料；125瓶饮料喝完剩下125个空瓶，125个空瓶可以换62瓶饮料，还剩余1个空瓶……相信我们通过这种方法也一定能知道王小明一共可以喝到多少瓶饮料，但是显然这个方法非常容易出错。

这个时候我们需要用抽象思维将其转化为一个数学问题，把实际的饮料、空瓶抽象成数学概念。首先，1瓶饮料=1元，即1个空瓶+瓶里的饮料=1元，又因为2个空瓶可以换1瓶饮料，即2个空瓶=1元，所以1个空瓶=瓶里的饮料=0.5元。所以，王小明最后手中肯定剩下1个空瓶不够换1瓶饮料，空瓶价值0.5元。而999.5元可以买999.5÷0.5=1999瓶饮料，所以王小明一共可以喝到1999瓶饮料。

第六章

追根溯源，提升逆向推理能力

技巧简介：从结果倒推原因，让真相浮出水面

生活中，如果向人们描述一件事情发生的起因，人们很容易根据起因联想到相应的结果。但是，当直接呈现一件事情发生的结果时，人们却很难说出导致该结果的具体原因。比如，喝了毒药会致死，但是一个人自杀却可以有多种方法。这种需要从结果倒推原因的推理，叫作逆向推理，也叫作目标驱动推理。当然，逆向推理并不局限于从结果倒推原因这一种方式。它也指人们打破常规思维，换一个角度思考问题。运用逆向推理，能够碰撞出不一样的思维火花，或许会让你成功解决眼前的难题。

司马光砸缸是语文课本中的一个故事。在司马光小的时候，他和几个小伙伴一起玩耍。其中，一个小伙伴爬上水缸的缸沿，结果一不小心掉进水缸中，大呼救命。水缸中的水很深，眼看水缸里的小伙伴要被水给淹没了，其他的小伙伴吓得大哭大叫，只知道寻找大人帮忙。小小的司马光却临危不乱，急中生智，用一块大石头朝水缸砸了过去。随着砰的一声，水缸一下子就破裂开来，水缸里的水哗啦啦地流出来，落水的小伙伴因此得救了。

在这个故事里，司马光就充分地利用了逆向推理。正常情况下，救人是让落水的孩子离开水，但是在这个故事中，孩子们根

本没有能力救出落水的孩子。于是司马光让水离开人，巧妙地解救了落水的孩子。当我们在使用正向推理没法顺利解决问题的时候，不妨运用逆向推理，说不定能给我们提供一种迅速解决问题的方法。

在很多凶杀案件中，警方往往需要根据案发现场收集到的证据倒推死者死亡的原因，从而找出案件的真凶。这种果中求因的过程也是逆向推理的过程。刑事案件的侦破往往对办案人员的逆向推理能力要求很高。

逆向推理的基本过程是由结果出发，根据结果倒推，然后找出一系列可能导致该结果的原因，最后根据提出来的种种假设，一一进行正向推理，验证该假设能否正确推导出最后的结果。如果从假设出发可以推导出已经发生的结果，则该假设就是导致事件发生的原因。在逆向推理的过程中，很容易让假设带有主观色彩。所以在使用这种方法的时候，一定不能先入为主，避免主观臆断干扰正常的推理过程。比如，王强曾因偷东西被同学当场抓住。当班级里再次出现偷窃事件时，同学们会主观地认为小偷是王强，但实际上王强之前偷东西与此次班上同学丢东西没有必然的因果关系。在逆向推理过程中，一定要避免因主观臆断导致的因果谬论。即使之前某种原因导致了某种结果，在以后虽然出现了同样的结果，也不一定就是之前的原因导致的。

推理游戏：逆向思维，柳暗花明

有趣的数字

开启游戏

有一个有趣的数字，加上4后乘以4，再减4，最后除以4，结果还是4。你知道这个数字是多少吗？

头脑发动机

这是一个运用逆向推理解决数学问题的简单例子。我们可以一步步倒推，最后得到答案。我们先看最后一步，一个数除以4，结果得到4，倒推得被除数等于4乘以4，即16；倒数第二步，16是一个数减4之后得到的，所以被减数是20；倒数第三步，20是一个数乘以4得到的，所以被乘数是5；倒数第四步，5是一个数加上4得到的，所以该数是1，即游戏中所求的数字。通过层层倒推，我们得到数字1。到了这一步，不要忘记验证。[(1+4)×4−4]÷4=4，验证成功。所以1就是游戏中那个有趣的数字。

歌德的反击

开启游戏

歌德是德国著名的思想家、作家。

有一天，歌德走到了一座桥上，遇到了一个傲慢的评论家，评论家对歌德说："我从来不给傻瓜让路。"

你知道歌德是如何反击评论家的吗？

头脑发动机

歌德站到一旁，说了句"我恰恰相反"，意思是歌德给傻瓜让路。在语言沟通上，运用逆向思维，能够巧妙地化解对方给自己带来的尴尬，做到机智地反击。

摄像机中的视频

开启游戏

警察接到某小区居民的报案，说他们小区的李建国家时不时传来类似尸体腐烂的恶臭味道。据居民描述，李建国是个退休的摄影师，平时喜欢出门溜达，他们几乎天天都能在小区公园碰着他。可自从十几天前在公园见到李建国后，就再也没有见过他。加上李建国家传出的腐烂味道，居民怀疑李建国在家遭遇了不测，便报了案。

警察接到报案后，赶往李建国家。结果敲了大半天门也没有人开门，警察只得撬门。撬开门后，一股刺鼻的臭味迎面而来。李建国整个人悬挂在家里的横梁上，尸体已经腐烂。经过鉴定，李建国已经死了十几天了。警察并未在案发现场发现他人的指纹。

在李建国尸体的对面，刚好有一架摄像机，这个位置正好能够拍摄到李建国上吊自杀的画面。警察打开摄像机，里面正好录下了李建国上吊自杀的过程。画面显示，李建国用手紧紧地抓住绳子，头颈挂在绳子上，表情十分痛苦，挣扎了几分钟后死去。

警察看完摄像机中的视频，知道了李建国不是自杀，而是被他人逼迫上吊自杀。你知道是为什么吗？

头脑发动机

在这个推理游戏中，摄像机里的视频是判断李建国是他杀还是自杀的关键点。表面上看死者生前用摄像机记录自己自杀的画面，告诉别人自己是自杀身亡，与他人无关，不用继续追查下去。但是一个自杀的人只能打开摄像机，没法去关闭摄像机。如果摄像机没法关闭，只能一直录像，死者已经死了十几天，摄像机肯定已经没电了。而警察来到案发现场，还能打开摄像机回看自杀视频。这就说明一定是有人在录完像后关闭了摄像机，从而推断李建国是他杀。凶手本想用诡计让大家误认为李建国是自杀，却没有想到摄像机正好让他露出破绽。

枪杀事件

开启游戏

某公司的一间办公室发生了一起枪杀事件。死者头部中枪，当场毙命。警方接到公司员工的报案后，赶到案发现场。警察首先检查了死者的身体，在死者身体的上半部分盖着一件衣服，这件衣服完好无损，没有任何弹孔。警察发现死者右手拿着一把枪，死者右边太阳穴位置有一个枪击造成的伤口。经过检查，射入死者头部的子弹正是来自死者手中的枪，枪上除了死者的指纹并没有发现其他人的指纹。

警察在死者的办公桌上发现一张纸，上面写道："朋友们，对不起，由于经营不善，我的公司快倒闭了，欠下的巨额债款，实在无法偿还，唯有一死了之。我知道死是懦弱的做法，但是我没有别的办法。我没有颜面再面对世人，所以将自己死后的面貌用衣服盖住，请大家原谅我。"这信看起来是死者的遗书，但是警察看完信，却认为死者并不是自杀，你知道是为什么吗？

头脑发动机

我们看到的结果是死者拿枪自杀，并用衣物盖在身上，以示无脸见世人。顺着这个结果倒推一下，死者要让我们看到的结果，则必须在自杀以后将衣物盖在自己的身上。如果是死者将手伸进衣服，用枪顶住太阳穴，则死后手枪势必会留在衣服下 。但是我们看到的却是死者的手伸在衣服外面，可见死者是隔着衣服开枪的，但衣服上又没有弹孔，这就证明有外人布置了现场，这种方式无疑会一击毙命。由此可以推断死者不是自杀，那封信是凶手伪造的，以此来迷惑警方。

如何喝到美酒

开启游戏

酒鬼老张看上了朋友老李的一瓶陈年老酒，十分想尝尝味道。老李却给老张出了个难题。老李对老张说："要是你能够在不拔出酒瓶上的软木塞的情况下喝到这美酒，我就将这瓶美酒送给你。当然，你也不能把酒瓶打碎，或者在酒瓶上钻个洞。如果你不能做到的话，这瓶酒就不能归你了，相反你还得送给我一瓶好酒。"

老张听了朋友的话，完全不知所措，既不能打破酒瓶，又不能拔出软木塞，自己根本不可能喝到美酒。老张觉得朋友是在故意为难自己，只能垂头丧气地回了家。

回家后，老张将这件事情告诉了妻子，妻子笑着对老张说：“这还不简单？”然后教给老张一个办法。老张听了妻子的办法，一下子恍然大悟。第二天一早，老张就去找老李，成功将美酒收入囊中。你知道老张是怎么做到的吗？

头脑发动机

老李虽然不允许老张将软木塞拔出来，或者打碎酒瓶、在酒瓶上钻洞，但是并没有不允许老张将软木塞直接压进酒瓶里。老张将软木塞压进酒瓶里，就能够喝到美酒了。

窃贼反被窃

开启游戏

在一列火车上，一个小偷阿华刚上车半个小时，就偷了四个人的钱包。不过让阿华有点扫兴的是这四个钱包里的钱都不多。

第一个被盗的乘客是一名臃肿的中年女士，阿华在她的钱包里找到500元；第二个被盗的乘客是一名西装革履的商务人士，阿华没想到，这位商务人士的钱包里除了一大堆名片外居然没有任何现金；第三个被盗的乘客是一名打扮精致的小姐，阿华看到小姐的钱包鼓鼓的，本以为能在小姐的钱包里找到很多钱，没想到钱包里除了100元之外，都是一些无用的口红、香水等化妆品；第四个被盗的乘客是一名上了年纪的老人，阿华在老人的钱包里找到200元。

正当阿华准备把偷来的钱放到自己的口袋里时，却发现自己口袋里的钱包不见了，里面的5000块钱也被人偷走了。

事实是，在阿华偷窃的几个乘客中，正好有一个是阿华的“同行”，并在阿华偷窃他的钱包时偷走了阿华的钱包。你知道是谁偷走了阿华的钱包吗？

头脑发动机

如果是后面的几个乘客中的一个偷走了阿华的钱包，那么他也会顺便偷走阿华偷拿的别人的钱包。但是阿华偷拿的别人的钱包还在阿华这里，这说明阿华是在偷第一个乘客的时候，不小心反被偷。所以，是第一个乘客偷走了阿华的钱包。

鱼不见了

开启游戏

洛邵阳刚回到家，就听见邻居前来敲门。洛邵阳想一定是隔壁的王大妈又来找自己麻烦了。洛邵阳打开房门就看见了王大妈那副咬牙切齿的神情。王大妈指着洛邵阳的鼻子说："哎呀，你可总算是回来了，你的那只黑猫把我的鱼给偷吃了。"洛邵阳看向窗边正在睡觉的黑猫，再看看它那平平的肚子，一点也不像是饱餐一顿后的样子。

王大妈继续抱怨道："我今天下午刚从集市买了鱼，就放在厨房，我出去接水，鱼就被你家的猫给吃了，你要好好管管你家的猫啊。"王大妈说完还不忘瞪了一眼窗户边的黑猫。

洛邵阳只能连忙说："好，我随您去看看。"然后关上房门，去王大妈家一看究竟。

来到王大妈家里，王大妈指着一个黑口袋对洛邵阳说："我的鱼本来是放在这个黑口袋里的，接水回来时我发现口袋瘪瘪的，鱼肯定是被你家猫吃了。"说完，王大妈用手打开口袋，里面只有一点残留的血水。

洛邵阳看了看王大妈打开的黑口袋，袋口的绳子和整个袋子完好无损，但里面确实没有鱼了。洛邵阳笑着对王大妈说，鱼肯定不是他家猫偷吃了。王大妈十分生气，但听了洛邵阳的话之后也只好说自己搞错了。你知道洛邵阳是怎么发现鱼不是自家猫偷吃了的吗？

头脑发动机

如果是猫吃了鱼，那么袋子上必然有猫咬出的破口，事实上袋子完好无损，可猫是没法偷了鱼又系紧袋子的，只能是别人偷了鱼之后将袋子系紧。

跳楼自杀

开启游戏

某天下午3点，一个女人从慧杰商场的13楼推开窗户跳下，当场死亡。警察接到报案后，急忙赶往现场，紧急封锁整个商场。

通过调查，警察发现死者非本市人，而是一家大公司的老板，于今天早上来本市出差，下午在慧杰商场跳楼自杀。死者跳楼的13楼是慧杰商场的废弃库房，因商场整修未来得及清理，门也一直开着，死者完全有可能进入这个废弃的库房。由于该库房并没有安装监控，所以警察没法判断死者是何时进入库房以及是不是一个人进入库房的。在废弃的库房中警察并没发现打斗的痕迹，根据窗户边死者的指纹以及目击证人的证词，可以判断死者是跳楼自杀。但是警察在这间库房里还找到了一把小刀、一段割断的绳子以及一个被伪装成炸弹的烟花，烟花上连接着一个计时器，屏幕上的倒计时显示“00:00”。警察据此认定这不是一起简单的跳楼自杀案，而是有人蓄意谋杀。

你能根据警察发现的这些线索推理出死者跳楼自杀的真实原因吗？为什么警察认定这是一起蓄意谋杀案件？

头脑发动机

根据案发现场的小刀、炸弹等信息，我们进行逆向推理，就可以对案件真相进行还原。

根据上文我们知道，死者是推开窗户跳楼自杀的。但是死者跳楼不一定是自杀，也可能是逃生。根据死者毫不犹豫跳出窗户以及显示器上的倒计时为00:00，我们可以想到一种情况，就是死者看到“炸弹”即将爆炸，便用刀切断绑在手上的绳子，奋不顾身地跳下窗户逃生，只不过死者并不知道窗户外是13层的高楼，这也与死者是外地人，不熟悉所处环境的情况相符。死者的跳楼自杀完全是凶手设置的圈套。凶手首先将死者绑架到废弃的库房，言语中透露出死者所在的楼层不高的信息，让死者认为即使跳下去也不会致死。然后用一个假的炸弹恐吓死者，并故意在库房里留下小刀，让死者有机会割断绳子，从窗户逃跑。而死者跳窗逃生正好中了凶手的诡计。

农夫的财产

开启游戏

一个农夫死后留下了一些银币，他生前是这样安排的：妻子分得银币的一半加半个；大儿子分得剩下银币的一半加半个，数量正好是农夫妻子的一半；二儿子分得剩下银币的一半加半个，数量正好是大儿子的一半；大女儿分得剩下银币的一半加半个，数量正好是二儿子的一半；小女儿分得剩下银币的一半加半个，数量正好是大女儿的一半。最后没有剩余的银币。你知道农夫一共留下多少个银币吗？

头脑发动机

我们可以用逆向思维进行思考，如果知道了每个人分得的银币数量，就可以知道农夫一共留下多少个银币。这个游戏的突破点在于小女儿的那份银币。

小女儿得到剩下银币的一半加半个后，没有剩余的银币，说明小女儿得到的银币数量只能是1。为什么是1呢？举个例子帮大家理解。如果是2，即大女儿分完剩下银币数量的一半加上半个等于2，这说明大女儿分完剩下银币的数量是3。小女儿从剩余3个银币中分走2个，还剩余1个，与没有剩余的情况不符。假设小女儿得到的银币数量为3、4、5……也会得到同样的结果。所以小女儿得到的银币数量只能是1。

小女儿得到的银币数量，正好是大女儿的一半，所以大女儿得到2个。

大女儿得到的银币数量，正好是二儿子的一半，所以二儿子得到4个。

二儿子得到的银币数量，正好是大儿子的一半，所以大儿子得到8个。

大儿子得到的银币数量，正好是农夫妻子的一半，所以农夫妻子得到16个。

把五个人得到的银币数量相加，1+2+4+8+16=31，所以农夫留下了31个银币。

第七章

绕开障碍，提升迂回推理能力

技巧简介：顺应变化，“拐个弯”思考问题

俗话说“条条大路通罗马”，但实际上并不是所有的道路都能通向罗马，相反，有些路是死路。我们在解决问题时，难免会碰到各种障碍，使我们停下脚步，有些障碍可以清除，而有些障碍即使我们使出浑身解数也无法清除。这时候，我们应该思考是否有其他方法，能够绕开这个障碍，解决难题，而不是一条路走到黑，最后才发现此路不通。这种避免正面交锋，巧妙地绕开阻碍化解难题的能力其实就是迂回能力。这种能力让我们在面对不容易解决的难题时，会顺应变化，绕开障碍，“拐个弯”思考问题。

与别人沟通时，良好的迂回能力能够帮助我们在回答刁钻的提问时，巧妙绕开提问者留下的陷阱，以更加巧妙的方式进行回答，既回答了问题，也不会让自己陷入尴尬的境地。在一些商业谈判的场合，如果我们只会一个劲地讨好对方，往往得不偿失。有时候以退为进，巧做迂回，会让对手对自己更加感兴趣，为自己赢得更多的利润。

迂回能力不仅仅在商业谈判、语言沟通上有重要作用，在军事上也很重要。迂回战术就是迂回思维在军事上的体现，避

免与敌人正面交锋，采取敌进我退、敌退我进的战术，或者避开正面攻击，从后方进攻。这种战术常用在敌强我弱，正面攻击没有明显作用的时候。围魏救赵、声东击西就是使用迂回战术的典型例子。

如何提高自己的迂回能力？有这样几点建议。一是多做想象力、联想的练习，开阔自己的视野。迂回思维的本质是绕开障碍，换一条路解决问题。只有在联想丰富、思路开阔的时候，才可能想到多种思路，这样才有让我们绕开障碍的方法。二是学会站在旁观者的角度思考问题。当我们身处问题之中时，往往苦寻不得其解。有时候站在旁观者的角度思考，说不定能挣脱思维的局限性，找到解决问题的方法。三是学会权衡利弊，寻找最优解。有时候我们并不是找不到解决问题的方法，这时候不妨多思考，想想我们选择的那条道路是不是最好的。

推理游戏：以退为进，巧作迂回

北风和南风

开启游戏

一天，北风和南风狭路相逢，两人发生了争吵。

北风说：“我的力量最强，谁见了我都得低头，以示尊敬。”

南风说：“我才是最强的，人们看到我都手舞足蹈，十分欢迎我。”

北风说：“既然这样，我们就来比比谁是最强的。”

南风点点头。此时，一位穿着大衣的老人正在一条道路上独自前行。南风说：“我们不妨就通过这个老人来一决高低，谁能够将老人身上的大衣脱下来，谁的力量就更强。”

北风一听，心想这还不简单。他朝老人吹了一口强风，谁知道老人的大衣非但没被刮走，还被老人裹得更紧了。北风继续加大力度，可是老人却把衣服越裹越紧。南风笑了笑说：“让我来。”南风轻轻一吹，老人的大衣很快就脱了下来。

你知道南风是怎样让老人脱下大衣的吗？

头脑发动机

南风深知北风加大风力只会让老人把衣服裹得更紧，是不可行的，于是给老人吹了一口热风，老人因为感觉到热而脱下衣服。

探长的话

开启游戏

巴黎素有“浪漫之都”的美称。这座美丽城市里的香榭丽舍大道是法国出名的商业区，在这里集中了世界一线品牌的香水店、珠宝店、服装店。每天这里都人来人往，十分热闹。

一天，在这条街发生了一起重大的失窃案件，受害的有十几家奢侈品牌店，涉及的金额达上百万元。这起失窃案引起了警察的高度关注。警察首先查看失窃当晚的监控录像，发现这十几家商店的监控录像一片空白，经过检查发现小偷在作案前剪断了电缆，导致监控录像没有拍摄到当晚的画面。在现场侦查的时候，警察没有发现任何与小偷有关的线索，案件陷入了僵局。

过了大概一个月，探长切尔斯在查看盗窃后商场正常营业时的监控录像时，发现有一个戴帽子的男人频繁出现在失窃的这几家店铺中，该男子既不试戴商品，也不买东西。直觉告诉他，这个男人与一个月前的重大失窃案有关联。于是探长切尔斯派警员在这些店门口秘密监视，等待这个男人再次出现。

不出所料，第二天探长就等到了这个戴帽子的男人。让探长感到意外的是，这个戴帽子的男人居然是个聋哑人，既听不到话又不会说话。探长盘问了他将近两个小时的时间，但没有从这个男人身上获得任何有效的信息，也没有发现破绽。由于没有证据，探长只好让他走。临走前探长对男人说了一句话，就抓住了男人的把柄。经过审讯，就是这个人偷走了十几家店铺的商品。

你知道临走前，探长对男人说的话是什么吗？

头脑发动机

探长切尔斯经过两个小时的盘问，没有从这个男人身上得出任何有效信息。毕竟嫌疑人要是装聋作哑，把嫌疑人留住进行盘问根本不能撬开嫌疑人的嘴巴。这时候不如以退为进，先让他走，之后再想办法。探长让他走时说的话是："没事了，你可以回去了。"男人听到这句话转身就走，就说明男人能听清楚别人说的话，之前只是装聋作哑。

失而复得的手表

开启游戏

莹莹是一年级的学生。周一上学的时候，莹莹把爸爸妈妈送给她的生日礼物带到了学校，那是一块非常可爱的手表。好友丽丽看到莹莹的手表，忍不住夸赞这块手表好漂亮。莹莹也十分高兴，并将手表重新放回礼物盒子里，小心翼翼地把盒子放进她的书桌。

下午，莹莹打开书桌，却发现手表不在了，只剩下一个空空的礼物盒子。她着急地翻遍了书包和书桌，也没有找到她的手表，只好向班主任求助。班主任了解到事情的原委，查看监控录像后，发现是丽丽趁大家上体育课，偷偷拿走了莹莹的手表。

虽然找到了拿走莹莹手表的人，班主任却犯了难。班主任想，如果自己直接去找丽丽要回手表，一定会让丽丽十分丢脸，毕竟老师知道了是她拿的，以后在老师面前肯定抬不起头。况且丽丽还这么小，应该用更加委婉的方式保护丽丽的自尊心，帮助丽丽改正不良行为。要怎样拿回手表又不让丽丽难堪呢？班主任绞尽脑汁。她让莹莹把放手表的礼物盒子给自己，并告诉莹莹，下午放学会托丽丽把盒子交还给她。下午，莹莹拿到了装有手表的礼物盒子。

你知道班主任是怎样从丽丽那儿拿到手表的吗？

头脑发动机

班主任拿到礼物盒子后，对丽丽说："丽丽，有一件事情需要你帮忙，莹莹上课经常看手表，一点儿也不专心学习，你作为她的好朋友，要帮助她把注意力放到学习上，老师先将她的礼物放在你那儿，你好好保管，放学后再交给她。”

丽丽拿到礼物盒子，一定会把手表放回去，不然手表弄丢了，老师和莹莹就会认为是她没有好好保管手表。这样既不会让丽丽太难堪，也会让手表顺利归还原主。

范蠡卖马

开启游戏

范蠡是春秋末期的人，他说他曾发现了一个商机：北方的马十分彪悍，而吴越之地急需一批战马。如果将北方的战马运到吴越卖掉，一定能赚到不少钱。不过将北马卖到吴越有一个难题，就是马匹运输困难。当时兵荒马乱，路途中时有强盗出现。

范蠡了解到当时从北方运输麻布到吴越之地的富商已经买通了沿途的盗贼，可以免遭盗贼骚扰，于是范蠡在城门口张贴了一个告示。最终，范蠡顺利地将马运到吴越之地，大赚一笔。

你知道范蠡是怎样做到的吗？告示上面写了什么呢？

头脑发动机

在这个故事中，范蠡需要解决的难题是如何才能避开盗贼打劫，将马顺利从北方运到吴越之地。换一种思路，如果我们不直接运马，而让别人帮忙运马怎么样？结合故事中出现的富商曾运麻布从北方到吴越之地这一信息，可以知道富商运麻布肯定需要马。如果我们免费提供马给那个富商，他一定十分乐意，而且还会顺利地帮我们把马从北方运到吴越。原文中告示的内容是范蠡新买了一批好马，可免费帮人向吴越之地运送货物。范蠡巧妙地运用迂回思维，顺利地将马运到吴越之地，不费吹灰之力，大获其利。

曹冲救吏

开启游戏

曹冲是曹操的儿子，从小十分聪明，而且富有同情心。曹操也十分疼爱这个儿子。一次，曹操一具心爱的马鞍被老鼠给啃坏了，负责保管马鞍的库吏发现之后十分害怕。曹操对手下的处罚向来十分严酷，说不定会因为此事杀了库吏。库吏想着要不前去自首，但还是害怕难逃一死。

曹冲知道了这件事情，告诉库吏他会想办法帮助他的。曹冲一副闷闷不乐的样子走进父亲的房间，过了一会儿，库吏也进来向曹操如实报告了马鞍被啃一事。结果库吏没有受到曹操的惩罚，你知道是为什么吗？

头脑发动机

曹冲为了救库吏，就把自己的衣服用剪刀戳了几个洞，然后装作闷闷不乐的样子。曹操看到心爱的儿子闷闷不乐，就询问原因。曹冲告诉父亲听说衣服被老鼠咬了是不祥之兆，自己一直很小心，但今天自己的衣服还是被老鼠咬破了。曹操为了安慰曹冲，告诉儿子衣服被咬坏是常有的事，没有吉祥与不吉祥一说。之后，库吏就来报告马鞍被啃一事，曹操自然也不能惩罚库吏了。曹冲没有直接向父亲求情，而是用另一种方法巧妙地化解了库吏的杀身之祸。

第八章

认清真相，提升辩证推理能力

技巧简介：透过表面，看清本质

世界不是静止不变的，一切事物都在发展变化，因此，我们要以辩证的眼光去看待世界，这种思维方式就是辩证思维。辩证思维的实质在于在联系和发展中认识事物，在对立统一中认识事物。善用辩证思维，才能看清事物的本质。

有这样一个关于辩证思维的故事。有一个老奶奶整天愁眉苦脸，无论晴天还是雨天她都十分不开心。因为她有两个女儿，一个是卖雨伞的，一个是卖帽子的。雨天，老奶奶为卖帽子的女儿发愁；晴天，老奶奶为卖雨伞的女儿发愁。一个智者见老奶奶这么不开心，便笑着对老奶奶说：“你把事情反过来想不就好了，雨天为卖雨伞的女儿开心，晴天为卖帽子的女儿开心。”老奶奶一听，豁然开朗。

辩证思维是人们认识世界的一种重要的思维方式。它是人在了解事物的客观规律以及事物发展的关系的基础上，对世界的感知与认识。辩证思维强调借助事物的内部矛盾来认识事物，强调全面分析和整体认识事物，强调用动态的眼光看待事物。

我国古代，有许多体现辩证思维的故事。“塞翁失马”这个故事中，塞翁经历失马、马归、儿子骑马摔断腿、儿子因腿断免予征战等一系列事件，充分体现了一件事没有绝对的好与坏，在一定的情况下可以相互转化的观念。这个故事告诉我们，要用辩证思维看待每件事，既要看到它的好处，也要从对立面去看待这个好处背后隐藏的坏处。在“刮目相看”的故事中，吕蒙从愚昧无知变成博学多才，让我们明白要以动态的眼光去看待一个人，认识到人是不断发展的。

当然，想要从纷繁复杂的现象中准确地找出事物的本质，看清真相，并不是一件容易的事情。我们需要有意识地训练我们的辩证思维，这里有几点建议。

一、多学习知识，打好理论基础。丰富的理论知识是指导我们行动的依据。比如马克思主义哲学里面就系统地讲解了辩证法。阅读辩证思维的相关书籍，能帮助我们建立一个良好的辩证思维体系，让我们更有条理和逻辑地分析问题和看待问题。知识就是力量，是我们战斗的有力武器。

二、学会深度思考，不断追问。当我们看到一些表象时，不要轻易下结论，而是要不断追问这一表象下隐藏的深刻的含义。通过追问，由表及里，形成牢固的因果链，找到事物的本质。

三、不断实践，总结经验。实践是检验真理的唯一标准。如果只是凭空思考，而没有结合具体实践，这样无疑是纸上谈兵。参加辩论赛、与别人交流讨论、学会求同存异等都是提高辩证思维的有效方法。

推理游戏：看穿谎言，辩证推理

死者的指纹

开启游戏

葛烈文老太太住在一个小房子里，自从丈夫死后，葛烈文老太太就变得十分孤僻，经常一个人待在家里，很少出门。

一天，邻居贝尔太太上门给老太太送点心。贝尔太太敲了好久的门，都没听见屋里的动静。她担心老太太在家里出了意外，于是用石头砸开窗户的玻璃，从窗户爬进来。贝尔太太看到老太太一个人静静地躺在卧室的床上，早已没有了呼吸。

葛烈文老太太的身上没有伤痕，看样子像是在睡眠中去世的。贝尔太太打电话报了警。警察接到贝尔太太的报警电话，赶到葛烈文老太太的家中。警察经过一番搜寻，没有在现场发现能证明葛烈文老太太是被他人谋害的证据。

警官科尔斯看到打碎的玻璃，转头问贝尔太太："你是怎么进来的？"

贝尔太太回答道："我送点心给葛烈文老太太，敲门一直没人应。担心老太太在家中出了什么事，我就用石头砸碎玻璃进来了。”

警官科尔斯又问：“你进来的时候注意到房门是什么状态的？”

贝尔太太回答：“我进来发现房门是反锁的。可能老太太怕睡觉时进贼就反锁了门。”

警官科尔斯在房门的把手上提取到一个完整的食指指纹，正好与葛烈文老太太右手食指的指纹符合，所以基本上能证明老太太是自己反锁房门的。

警官科尔斯将这起死亡事件初步判定为自然死亡，当他将报告结果交给局长史密斯的时候，史密斯看了看资料，却说这是一起谋杀事件。

你知道史密斯是从哪里发现凶手的破绽的吗？

头脑发动机

警官科尔斯在房门把手上提取到的完整的食指指纹正是凶手露出的破绽。因为当一个人去拉房门把手的时候，他会同时用到拇指、食指和其他手指，因此把手上除了食指指纹，应该还有拇指和其他手指的指纹。如果房门把手上只有食指指纹，说明这极有可能是凶手将死者的食指按上去，假装是死者最后关上了房门，所以老太太很可能是被谋杀的。

消失不见的凶器

开启游戏

东北大兴安岭的冬天是十分寒冷的，天地间白茫茫一片，路面全都结了冰。树上、屋顶上挂满了一串串明亮的冰柱，像一把把锋利的刀子一样。北风呼呼地刮，吹得人们脸上生疼，大兴安岭的人们冬天都不愿意出来，选择回到热乎的家里，抵御冬天的严寒。但不是每个人都能够待在家里享受温暖。

接到报案的警官罗永柱此刻就顶着寒风，一步步艰难地往死者家里走。由于大雪封路，罗警官只能步行前往。到了死者的家中，罗永柱顾不得暖暖身子，就开始了侦查工作。经过侦查，他得到了以下几条重要信息。

一、死者死亡的位置在家门口，身上有多处擦伤和瘀青，还有一个伤口位于心脏处，深4—5厘米，是导致死者死亡的原因。

二、死者未婚，今年30岁，是一家钢铁工厂的工人，性格温和，生前没有和别人结过仇，死亡的当天死者正在家中休假。

三、在案发现场没有找到凶手留下的毛发、指纹等关键信息，凶器也未在现场找到。

四、死者的家里十分混乱，像是被别人抢劫过一样，家里没剩下值钱的物品。

五、死者家里的火炉有柴火燃烧的痕迹，但是罗警官到达现场时，发现炉内的柴火熄灭了。

根据在案发现场收集到的信息，罗永柱凭借多年办案的经验认为，这很有可能是一起入室抢劫案，由于死者正在家里休假，与歹徒发生正面冲突，所以造成死者身上有多处擦伤和瘀青。后来歹徒用利器刺中死者心脏，导致死者死亡。

根据以往的经验，一般凶手作案后，凶器会丢在案发现场，或丢在离案发现场不远的地方。罗警官搜查了死者家以及周围几公里的地方，都没有找到凶器。经过一个多月的时间，罗警官最终抓到了罪犯，罪犯也承认了入室抢劫杀人的罪行。罗警官从凶手那里知道了为何凶器迟迟没有找到，甚至罪犯被捕后也交不出凶器的原因。你知道凶器去哪儿了吗？

头脑发动机

当凶手与死者发生正面冲突，并扭打至门外时，凶手用随处可见的冰柱刺死了死者。冰柱就是杀死死者的凶器。凶手作案后，将凶器放进死者家中燃烧的火炉中，这解释了火炉里面有柴火但是火炉已熄灭的事实。由于冰加热会融化，当冰融化成水时，凶器自然就消失不见了，所以警官找不到凶器甚至凶手也没法交出凶器。

一块巧克力

开启游戏

“哦，亲爱的警官，你们亲眼看到我晚上12点才到家，根本不可能有时间杀害多伦太太，而且我和多伦太太无冤无仇，怎么会杀害她呢！”戈尔一脸无辜地对警察说。

晚上11点的时候，住在1503房间的多伦太太被发现死在家中。她的胸部被人用刀刺中，失血过多而亡。在多伦太太的房间，警察没有发现嫌疑人留下的指纹、毛发、脚印等，但发现了多伦太太用右手蘸血写了两个英文字母“GR”，这很有可能是凶手名字的缩写。

警察调查了附近居民的花名册，发现“GR”很有可能代表住在1607房间的戈尔，戈尔正好住在多伦太太的楼上。于是警察上楼来到戈尔家，但是按了几次门铃后，房内一点动静都没有。透过门缝，也看不见任何灯光。过了几分钟后，戈尔背着背包，从电梯门口走出来，看起来十分疲惫。

戈尔得知多伦太太死亡的消息非常惊讶，他流露出同情与悲痛的神情，并对警察说了本文开头的那句话。警察并不相信戈尔的一面之词，毕竟多伦太太留下的两个英文字母指明凶手就是他。警察让戈尔打开房门，开始搜查他的房间，但并未找到带有血迹的刀具或者衣服，也没有发现其他疑点。就在警察准备离开房间的时候，客厅壁炉上一块融化的巧克力引起了警察的注意。

警察拿起那块巧克力对戈尔说："你不要狡辩了，你一直在家，你就是凶手。"你知道警察是怎样识破戈尔的谎言的吗？

头脑发动机

警察发现壁炉上的那块巧克力已经融化，这说明壁炉之前是热的。如果戈尔是晚上12点才回来，壁炉不可能一整天都是热的。从这里推断，戈尔一定在说谎，他其实之前一直在家里，只不过杀了多伦太太后，才离开家并伪装成刚刚从公司下班回来的样子来迷惑警方。戈尔虽然丢掉了作案工具以及作案时穿的衣服，但是一块小小的巧克力暴露了他的罪行。

一定有人说谎吗

开启游戏

一天夜里，威尼斯的一家旅店发生了一起枪击事件。死者是住在旅店204房间的客人。正好侦探摩尔斯住在旅店附近，他接到旅店老板的电话，赶往案发现场。摩尔斯了解到，除死者外，住在二楼的旅客还有三个，死者被枪击的时候，他们三个都在楼上。于是，摩尔斯对他们一一进行了询问，以了解他们听到枪声时都在干什么。

住在201房间的客人是一个中年妇女，穿着吊带连衣裙，打扮得十分时尚。她告诉摩尔斯侦探："当时我正在房间里边敷面膜边看电视节目，听到枪声后吓了一跳，正好看到电视上面的挂钟显示时间为11点51分，由于害怕，我没有出门，直到听到你敲门的声音。"

住在202房间的客人是一个中年男子，他穿着睡衣和拖鞋，脸上有几丝倦意。他告诉摩尔斯侦探："我早早就洗漱了，在床上看书，听到枪声后，并没有注意时间，只是赶紧从楼上跑下来问老板发生了什么事。"中年男子听到枪声后就下楼去找老板，这一点老板可以做证，而且老板告诉侦探，202房间的客人跑下来时确实穿着睡衣和拖鞋。

住在203房间的客人是一个戴着眼镜的男青年，他正好住在死者房间的对面，两个房间相距只有一米。203房间的客人告诉摩尔斯侦探："当时我正在睡觉，听到枪声吓了一跳，赶紧出门看发生了什么事，结果看到对面204房间的房门没有关，死者正躺在地上，从他房间的钟表上看到时间好像是12点11分。"

201房间和203房间的客人的证词相互矛盾，那么其中一定有人说谎。但是摩尔斯侦探进入死者房间查看了一番，发现每个房间正对着镜子的地方都摆着一个钟表，他认为这两个人说的话都是真的，没有人说谎。你知道是为什么吗？

头脑发动机

根据经验，两人的话相互矛盾，必有人说假话。但如果这两个人都没有说谎，就证明其中有一个人看错了时间。仔细观察11点51分和12点11分，这两个时间的钟表指针其实是相互对称的。发出枪声的时间是11点51分，镜子中的钟表刚好显示12点11分。203房间的男青年本来是戴着眼镜的，但因为是被突然吵醒的，忘记戴眼镜，结果将镜中的时间当成了真正的钟表显示的时间。所以，虽然两名证人的证词相互矛盾，但其实没有人说谎。

服务员的小心思

开启游戏

“哦，天啊，这杯咖啡里面居然有只苍蝇！真是该死！真不知道服务员是怎么做事的。”皮特太太手里拿着刚加完糖的咖啡大声说道，并示意吧台边的服务员过来。

服务员朱莉看到皮特太太招手示意，连忙跑过来。看到皮特太太的咖啡，她就明白是怎么回事了。她看到皮特太太愤怒的表情，就连忙道歉，可是皮特太太还是不依不饶地责备她。

经理听到餐厅里的吵闹声，连忙过来道歉，并示意服务员朱莉赶紧撤掉皮特太太桌上的咖啡，重新换一杯上来。皮特太太看到经理和朱莉的态度，心情稍微缓和了些，于是不再追究此事。

当服务员朱莉再一次将咖啡端上来后，皮特太太喝了一口就吐了出来。她生气地对服务员说：“你们居然将之前的那杯咖啡又端给我，简直太可恶了，我要投诉你们！”

事实上，服务员朱莉看不得皮特太太那副得理不饶人的嘴脸，只是将咖啡中的苍蝇挑了出来，根本没有换新的咖啡。你知道皮特太太是怎么辨别出来的吗？

头脑发动机

咖啡味苦，咖啡店一般会给客人配方糖让客人自己加糖调整口味。当皮特太太喝一口重新换上来的咖啡时，她发现咖啡是加过糖的，于是她就知道这杯咖啡是之前的那一杯，餐厅并没有换一杯新的。

强盗结拜

开启游戏

在一个寒冷的冬天，三个素不相识的强盗意外遇上了，他们共同作案，抢劫了一辆前往县城的马车，并在马车上找到600两白银和一个玉佩。这三个强盗每人分得了200两白银，但是在分配玉佩时犯了难。

玉佩只有一个，拆开了卖不值钱，三个强盗又都想得到玉佩，一下子不知道该怎么分。这时候，其中一个名叫张强的强盗提出建议：“既然有缘，要不我们三个人结拜为兄弟。这块玉佩我们也别分了，就当作见证我们结拜的信物，我们三人共同拥有！”其他两个强盗听了张强的建议，觉得很好。

张强看着两个同伴，对他们说：“两位兄弟，天寒地冻，我们身上也没带酒。不如就地取材，以冰代酒。”说着，张强就从怀里掏出一个空碗，然后去远处的湖边，用刀切下了一块湖里的冰放进碗里。过了几分钟，张强取冰回来，当着另外两个强盗的面，用小刀割破自己的手指，滴血进去。其他两个强盗也纷纷用小刀划破手指放血进碗里。

张强接过三人放了血的碗，等冰融化了一部分后，就端碗喝下了血水，然后传给第二个强盗；第二个强盗等了一会儿，等冰融化得差不多了，也把血水喝了下去，然后把碗传给第三个强盗；第三个强盗拿到碗，等到碗里的冰块全化成了水，就一饮而尽。

张强对另外两个强盗说：“我们是喝过彼此血液的人，从此我们就以兄弟相称。”话音刚落，其他两个强盗就纷纷口吐白沫，四肢抽搐，当场身亡。张强顿时露出狡猾的笑容，然后拿走玉佩和其他两个强盗身上的钱财，消失在白茫茫的荒野中。

你知道那两个强盗是怎么死的吗？

头脑发动机

三个强盗明明喝的是同一碗血水，为何张强没有事，其他两个强盗却中毒身亡呢？问题就出在这块冰上，张强先喝的这碗血水，那时冰还没有融化多少，待后面两个强盗喝的时候，冰已经融化得差不多或者全部融化。狡猾的张强将毒药藏在冰块里面，毒药随着冰块的融化就会流入血水中，最后毒死了两个强盗。张强一个人去湖边切下冰块的时候，正好有时间对冰块动手脚，将毒药偷偷放在了冰块里面。张强利用这种诡计，独吞了所有抢劫获得的财物。

肇事车辆

开启游戏

光明大道的路口发生了一起交通事故，肇事人撞人之后开车逃跑了，只留下被撞的人仰卧在地上。交通警察赶到事故现场，急忙将伤者送往医院，并追查肇事车辆的下落。令交警头疼的是，被撞现场的摄像头没有拍摄到肇事车辆的车牌号。由于当时是周一上午10点，案发现场并没有什么目击者，完全没有目击线索可以提供，这种情况无疑加大了破案难度。

大概过了一天，伤者从昏迷中醒来。警察询问伤者有关肇事车辆的信息。伤者告诉警察，他通过路边的玻璃窗隐约看到车牌号是8080。警察找到了车牌为8080的车主，可是车主表示自己完全不曾撞过人。当时他正在公司上班，车停在地下车库，而且有公司人员证实他说的话属实。警察来到他的公司，调取周一的监控视频，发现他在撞人事故发生的时候确实在公司办公，车也一直停在地下车库。

一个有经验的警察回顾了伤者提供的线索，知道了原先判断错误的原因，并找到了肇事车辆。你知道他是如何找到的吗？

头脑发动机

伤者通过路边的玻璃窗，隐约看到车牌号是8080。由于镜中的成像与实际的物体相反，所以真正的车牌号应该是0808。警察只有找到车牌号为0808的车辆，才能抓到肇事者。

土匪与商人

开启游戏

一个商人在经商途中不幸遇到了一个土匪。不得已，商人携带着钱财朝山上跑去，土匪在后面紧紧追赶。商人跑到山顶，没有找到其他的路，前面只有一个黑乎乎的山洞。眼看土匪要追上来了，商人顾不得山洞漆黑赶紧跑了进去。土匪见状，匆忙地做了一个火把，带着火把进了山洞。山洞的地形十分复杂，商人和土匪进去之后都迷了路，找不到出口。最后，土匪在山洞里迷路了，商人却从另一个洞口出来了，你知道是为什么吗？

头脑发动机

山洞的出口会有光线照进来。土匪拿着火把进山洞，忽略了照进出口的微弱光线，最后迷路了。而商人没有火把，微弱的光亮也会注意到。商人顺着微弱的光亮，慢慢前行，最终找到出口，保全了性命。

伊索的舌头宴

开启游戏

伊索是古希腊著名的哲学家、文学家，他在出名之前是个奴隶，后来凭借聪明才智获得了自由身。

一次，伊索的主人要款待一群哲学家朋友，要求伊索准备最好的饭菜。当宴席开始时，主人看到宴席上摆的全是动物的舌头，他十分生气。一旁的哲学家朋友也十分不满。主人气急败坏地将伊索叫了过来，质问他为什么准备了一桌舌头宴。伊索谦恭地回答说：“我认为在场哲学家都是非常博学的，需要借助舌头向大家讲述学问，所以我觉得没有比舌头更好的东西了。”哲学家们听了他的话，颇有兴趣地吃起了舌头宴。

第二天，主人要伊索准备一桌最不好的菜，来招待一些他不喜欢的客人。谁知伊索又准备了一桌舌头宴。主人十分生气地询问伊索：“你昨天不是说舌头是最好的吗？怎么用来招待我讨厌的人。”伊索再次十分谦卑地回答了主人的问题，主人听后哑口无言。你知道伊索说了什么吗?

头脑发动机

伊索对主人说：“俗话说，祸从口出，舌头就是个招惹祸端的东西，只能给人带来不幸，所以说它是最不好的东西。”

这个故事深刻地体现了辩证思维。任何事物都有多面性，在不同的环境、不同的时间，同一个事物可能有相反的特性，所以我们也应该用辩证的眼光，全方位地看待事物。

第九章

开阔视野，提升发散推理能力

技巧简介：打破思维界限，迸发奇思妙想

生活中，有些人为解决一个问题，可能会想出多种方法，而有些人绞尽脑汁最后才只能想出一种方法，这其实与发散思维能力紧密相关。发散思维也叫辐射思维、放射思维。它是指思维呈现一种扩散的状态，能够发散出多种多样的想法，通常表现在“一物多用”“一题多解”等方面。发散思维能力是创造力的核心之一。提高发散思维能力，能够开阔我们的视野，给创造带来无限可能。

发散思维能够让我们在面对一个问题时打破常规，找到更多方法。发散思维有三个特征：一是流畅性，它是指能够在最短的时间里想到更多的方法；二是变通性，它是指不局限于人脑中固定的思维模式，能够按照新的思维模式进行思考；三是独特性，它是指想法或思维与别人不一样，能够让人眼前一亮，具有独特性。

良好的发散思维能够帮助我们在解决一个问题时，想出许多好点子。在艺术、发明创造领域，发散思维能够让我们突破思维的局限性，产生一些前所未有的思维火花。提高发散思维能力，能够让我们在工作和生活中“出奇制胜”。

推理游戏：突破束缚，发散思维

倒出一半水

开启游戏

小明手里有一个容积为100毫升的正方体量杯，里面盛满了水，上面没有标刻度，老师要求小明从中倒出一半的水。在不借助任何容器的情况下，小明能做到吗？

头脑发动机

正方体量杯虽然没有标刻度，但是我们可以倾斜这个正方体量杯，让水慢慢流出，直到水面正好降到正方体的对角线位置，因为此时杯内水的体积正好是满杯时的一半。

菜里的头发

开启游戏

李大厨开了一家中式餐厅，他做的辣子兔丁，是店里的招牌菜，许多客人来了必点这道菜。李大厨的店面比较小，为了节约成本，李大厨一个人负责店里的所有工作。虽然店面小，又只有一个人，李大厨还是将店里收拾得干干净净，自己也每天穿着厨师服，戴着厨师帽，为大家做菜端菜。

一天，李大厨将炒好的辣子兔丁端给一个客人。几分钟后，这个客人就大声嚷嚷说："这餐厅也太不干净了，菜里面居然还有头发，我再也不想吃了，退钱。"

李大厨闻声过来，看到顾客餐盘里的头发，又看看顾客头发的颜色，十分肯定地告诉顾客："这根头发肯定是我端上来后，您自己不小心掉进去的。"

顾客正想开口争论，只见李大厨不急不缓地做了一个动作，顾客看到这个动作就停了下来，面色发红，直说是自己的头发。

请问李大厨做了什么动作呢？

头脑发动机

李大厨摘下了帽子，结果顾客发现李大厨是个光头。所以菜里的头发肯定不是李大厨的，而是顾客自己不小心掉进去的。

深夜出租车

开启游戏

小美今年22岁，大学刚毕业，目前是一家互联网公司的实习生。为了尽早转正，小美十分卖力地干活，经常加班到深夜。

有一天，小美再次加班到深夜，离开公司回家的时候只得打车。小美在公司门口等了好一会儿，才打到一辆出租车。上车后，小美不经意间注意到司机是个戴着墨镜的男人。小美心想，大半夜戴墨镜，这人可真奇怪。

深更半夜，小美独自一人打车，不免有点担心，就不自觉地抽起了烟。这时，小美的手机突然震动了一下，是一条短信提示，内容是："最近我市出现多起女性失踪案件，失踪时间多在凌晨1点以后，敬请广大女性注意安全，避免深夜单独外出，若需外出尽量有人陪同。"小美注意了一下手机上的时间，现在是凌晨1点54分。小美下意识地哆嗦了一下，直觉告诉小美得赶紧下车，不然可能会有危险。

正好此时汽车路过一个24小时营业的便利店，小美对司机说："麻烦师傅停一下，我要去买点晚饭，辛苦师傅在外面等我几分钟。"司机于是停了车，小美赶紧下车跑向便利店。进入店里，小美让值班的男店员帮忙把车钱付给外面的司机，并转告司机自己临时打算要吃点热食，时间会比较长，让司机不要等了。于是，司机把车开走了，小美心里总算松了一口气。小美在便利店吃了点东西，平静下来，转头一想觉得也可能是自己多心了。小美打开手机地图看离家的路程还有5公里，走路回家太不现实了。

于是小美走出便利店，打算继续打车。没等多久，就来了一辆出租车。小美看了看，发现司机是个三四十岁的女人，就放心地打开车门，准备坐上去。但是小美在座位上看到了一些东西，吓得赶紧跑回便利店。过了几天，小美看电视，电视节目正在报道本市女性失踪案件的最新情况，报道称，警方已侦破整个案件，捕获罪犯两名，是一男一女，广大市民不用恐慌。小美仿佛劫后余生般松了一口气。事实上，小美那天晚上见到的两名司机正是这两名男女。

你知道小美为什么没有坐上第二辆出租车，从而避免了一场灾难吗？

头脑发动机

这个推理故事的关键在于小美在上第二辆车时究竟看到了什么，而这个发现直接导致小美离开。是血吗？是尸体吗？小美要是看到这些东西，确实会离开。但想必罪犯肯定不会傻到让受害人轻易发现这些东西，这无疑会吓走他们。另一种猜想是，小美看到的这个东西让小美意识到她打的第一辆车和第二辆车其实是同一辆车。

小美出于不安曾在第一辆出租车上抽过烟，而抽烟会在座椅上掉落一些烟灰。小美在准备乘坐第二辆车的时候，正好看到了烟灰。这让她意识到这两辆车其实是同一辆。凶手以为更换司机就能骗过小美，让小美上钩，没想到烟灰让他们露出了破绽，小美因此逃过一劫。

货车过隧道

开启游戏

“抓小偷啊，抓小偷啊，快来抓小偷啊！”闹市区一个珠宝店的服务员大声喊叫。

警察老王正在这边逛集市，刚好听到服务员喊“抓小偷啊”的声音，就连忙朝珠宝店跑去。他看到一个穿黑衣服的男人手里抱着一个盒子，朝另一条道路跑去。服务员告诉老王，就是那个黑衣男子偷走了店里的珠宝。老王迅速去追赶小偷。

在老王快要追上小偷的时候，小偷骑上事先准备好的摩托车逃跑。老王不甘示弱，借了一辆货车朝小偷逃走的方向赶去。小偷眼见自己快被追上，车头一拐，钻进了一个隧道。这可难倒了老王，因为老王发现货车的车身高度比隧道的高度要多1厘米，直接开过去肯定行不通。

不过，聪明的老王最后还是顺利地通过了隧道。你知道老王是怎么做到的吗？

头脑发动机

老王遇到的难题是车身高度超过了隧道高度，隧道不能再增高，那么老王想顺顺利利地通过隧道，就需要降低车身高度。因此，老王就给轮胎放了点气，车身高度自然就降低了。

重要证据

开启游戏

汤姆·克鲁森是英国伦敦大学的研究生，于两天前被发现死在一家宾馆。通过排查，警察认为杀死汤姆·克鲁森的犯罪嫌疑人有三个。一个是汤姆·克鲁森的同学史蒂夫，他们两人最近在争取唯一的保送名额，如果汤姆·克鲁森死了，史蒂夫就可以获得这个保送名额。另一个是汤姆·克鲁森的前任女朋友艾丽雯，因汤姆·克鲁森和别人在一起导致他们分手，所以艾丽雯完全可能杀了汤姆·克鲁森为自己出气。还有一个嫌疑人是汤姆·克鲁森的情敌杰克。

警察将这三个嫌疑人叫到警察局，经过一个多小时的讯问，并没有取得突破性的进展。目前在现场发现的证据也不能认定这三个嫌疑人中的任何一个是凶手。局长只好让这三个人回去。当他们三个人准备离开的时候，一个警察突然跑进审讯室，大声告诉局长：“有一个重要证据还留在现场，找到它就可以破案。”局长十分高兴，并让他们三个人离开了。

当天晚上，警察就在案发现场发现了凶手，凶手正是汤姆·克鲁森的同学史蒂夫。你知道警察是如何抓到凶手的吗?

头脑发动机

警察在向他们三人问话的时候故意放出案发现场留有重要证据的假消息，让凶手不得不铤而走险，去案发现场销毁重要证据。警察只需要在案发现场守株待兔就可以抓住凶手。

钱包的主人

开启游戏

列车员巡视时在火车的过道里发现了一个黑色钱包，黑色钱包里有10张100元的钞票。列车员通过广播呼叫失主前来认领，在广播的时候列车员一时粗心将金额也一并说出来了。过了一会儿，失物招领处一下子来了三个男人，他们都说钱包是自己的。黑色的钱包里除了这1000元现金，也没有其他物品可以确定钱包的真正主人。列车员一下子犯了难，不知道钱包到底是谁的。

这时候，列车长走过来，他看向列车员，说:“你仔细检查钱包了吗?”然后从列车员手中拿过钱包仔细地翻找起来，一会儿在钱包的夹层里似乎发现了什么，表情十分严肃地对列车员以及三个男子说了一句话。三个男子听到列车长的话，有两个人立刻表示钱包不是自己的。

你知道列车长说的是什么吗？

头脑发动机

列车长可以假装在钱包的夹层发现了毒品，并将钱包里有毒品的“事实”告诉这三个男人。真正的失主会辩解自己的钱包里没有毒品，而假冒失主的人则一定会撇清关系。

稍等一下

开启游戏

有一天，一个抢劫犯来到一栋公寓准备行窃，他敲了一个独居女人的门。这个女人是他观察几天后选择的作案对象。因为她经常网购，抢劫犯这次伪装成一个快递人员，假装给她送快递。

抢劫犯按了一下门铃，听见房门里面传来一个清脆的女声：“谁啊？”

抢劫犯十分有礼貌地回答道：“您好，有您的一个快递，麻烦签收一下。”

女人回答道：“稍等一下，马上来。”

不一会儿，一个漂亮的女人穿着睡衣打开了房门，抢劫犯乘机溜进房门，然后掐住女人的脖子。女人大惊失色，想要尖叫。抢劫犯为防止女人惊叫引起其他住户注意，拿起一旁的花瓶狠狠地朝女人的脑袋敲了一下，女人惨叫一声被砸昏了过去。

抢劫犯在女人的家里翻箱倒柜，寻找钱财。抢劫犯正准备携钱财离开的时候，却撞上了进入女人家中抓强盗的警察。警察一下子就将抢劫犯给制伏了。抢劫犯左思右想，明明自己一进门就将女人打昏过去，警察怎么会在这么短的时间内赶来呢?

你知道警察是如何知道女人家里有抢劫犯的吗?

头脑发动机

虽然女人没有报案，但是有人帮女人报案了。女人说："稍等一下，马上来。"她并不是对抢劫犯说的，而是正在和别人打电话，这句话是对电话另一端的朋友说的。电话并没有挂断，朋友能够通过电话听到这边发生的情况。朋友知道女人遇到了意外，所以赶紧报了警。

第十章

冷静思考，提升移植推理能力

技巧简介：学习更多知识，善于迁移运用

现实中的问题是复杂多变的，解决一个问题往往需要运用各种学科的知识。这种能将一个领域的知识迁移运用到另一个领域解决问题的能力就是移植推理能力。在现实社会中，某个领域的问题只用该领域的知识不一定能解决，而有可能需要调动其他领域的知识加以解决。移植推理能力和类比推理能力有点相似，都需要将一个领域的知识运用到另一个领域解决问题。但是，类比推理能力在知识迁移时，强调两个领域或两类事物之间的相似性，而移植推理能力关注知识的联系与迁移运用。

有这样一个故事，狡猾的商人王大富因为资金紧张向朋友李天赐借了10万块钱，并亲手给朋友写了一张借条，借条上写着“今日王大富借朋友李天赐10万块钱，归期为1年，以此为证”，并附上日期和王大富的签名。王大富在写这张借条的时候，用的是自动褪色的墨水，一段时间以后字迹就会消失不见。

时间过去了一年，王大富迟迟没有向朋友归还这10万块钱，更未向朋友主动提起这件事。李天赐担心王大富忘记了借钱一事，便主动提醒了王大富。谁知道王大富却不承认向他借过钱，硬说是他记错了。李天赐只好找出一年前的借条，却发现纸条上的字

迹完全消失不见了。

李天赐将这件事告诉了一个学化学的朋友，看他有没有什么办法将消失的字迹显现出来。学化学的朋友在纸上涂了一些氢氧化钠溶液，消失的字迹就浮现出来了。李天赐以借条为证，成功地要回了10万块钱。

上面这个故事，就是巧用化学知识解决了字迹消失的难题，成功帮助李天赐追回了10万块钱。氢氧化钠溶液之所以能够让墨水显色，是因为市面上一些自动褪色的墨水成分中含有酚酞，当酚酞遇上碱性的氢氧化钠溶液，就会变成红色，进而将消失的字迹显现出来。在许多案件中，都需要借助其他学科的知识帮忙解决问题。

良好的移植推理能力能够使我们胜任各种不同的工作，将在一种工作中所掌握的技能迁移出来为另一种工作所用。在真实的案件推理中，案情往往是复杂的，需要依靠多种知识来进行侦查，良好的移植推理能力能够让我们更快地揭秘事情的真相。

当然，想要在日常的工作生活或者案件推理中，灵活自如地运用移植推理能力并不是一件容易的事情。移植推理能力的本质在于知识的迁移运用。在面对问题时，我们要厘清思路，抓住问题的关键，然后对其进行突破。

那么如何提高自己的移植推理能力呢？一是努力学习，掌握更多的知识。移植推理能力实际是将一个领域的知识迁移运用到另一个领域的能力。所以，知识是迁移运用发生的根本，没有知识，也就没有知识的移植运用。丰富的知识让我们在面对难题时，能够快速搜索大脑中与之相关的内容，随之产生解决问题的方法。二是多加练习，动手实践。如果不将知识进行运用，学习再多的知识无疑是纸上谈兵。通过参加各种实践活动，我们就有机会将书本上的知识运用到具体的问题中。通过多次练习与实践，我们对知识的理解会更加深刻，当以后遇到同样的问题时，就能更加快速地解决。

推理游戏：移植思维，精确联想

周一早上

开启游戏

周一早上，林警官正准备带儿子下楼买早餐。刚走出家门，就听到楼上住户大声说话的声音，林警官走上楼，看到有四个人聚在一起。

走近一看，林警官发现一个四五十岁的男人趴在走廊里，血沿着头部的窟窿流了下来。林警官仔细一看，趴在地上的是楼上的王叔，已经没有了呼吸。王大妈听闻丈夫被人砸死，赶紧下楼，伏在丈夫身上哭泣。王大妈告诉林警官，王叔早上8点50分左右从家里出来，要去银行把攒的50万块钱给存进去，没想到就出了这种事。

林警官在王叔身上并没有看到现金，所以凶手极有可能是见财起意，临时决定杀人。围观的一共有四个人，林警官向他们询问各自看到的情况。

第一个人是王叔的侄子，他告诉林警官：“当时我在家里看电视，听到大伯敲门，正准备穿鞋去开门，突然听到大伯发出一声惨叫，出来就看见大伯一动不动地倒在地上，后脑勺被人砸了个大窟窿，鲜血直流。”

第二个人是王叔的朋友李叔，两人常在一起下棋。李叔十分悲痛地告诉林警官：“当时我正和我的老婆以及外孙女吃早餐，听到王叔侄子的大叫声，赶紧出门来看，发现王叔的侄子跪在王叔的旁边，王叔一动不动。”

第三个人是和王叔住同一楼层的邻居，他和王叔不是很熟，只是打过几次招呼。他告诉林警官：“当时他正坐在客厅里关注今天的股票信息，看到自己所持有的股票大涨，小赚了一笔，这时听到门外有人哭喊，才出来查看。”

第四个人是这栋楼的另一个住户，他告诉林警官：“早上我在玩游戏，没注意到外面的声音，玩到一半喝水的时候，听到外面的吵闹声，于是出来看看发生了什么事。”

林警官听完这四人的描述，发现他们中有一个人在说谎。他就是凶手，你知道是谁吗？

头脑发动机

说谎的人是第三个住户，因为周一早上9点之前股市是停市的，不可能进行交易。股市交易的时间一般为每周一到周五上午9点30分到11点30分，下午13点到15点。周六、周日及上海证券交易所、深圳证券交易所公告的休市日不交易。所以，第三个住户在说谎。这是个运用股市交易的知识揭穿谎言发现凶手的例子。

伪装的小偷

开启游戏

一个寒冷的冬天，一家商店发生了盗窃案。警察接到报警，赶往案发现场，但是到达现场时盗贼已经逃走了，警察在商店的附近看到四个人正在围观。

第一个人是个20岁出头的男青年，手上端着一桶冒着热气的方便面，坐在一个石凳上吃面，男青年告诉警察："我刚才在这家商店买了一桶方便面，刚走出来就听到商店的服务员大声叫着'抓小偷，抓小偷'，我转过身看到窃贼已经逃跑了。"

第二个人是个货车司机，正站在一辆大型货车旁边，手里拿着一瓶类似汽油的东西，这个人告诉警察："我开车路过这里，听到车子老是发出很大的声音，于是下车检查，发现是车上一个零件摩擦发出的声音。我准备弄点油润滑一下，没想到这么冷的天，备用的汽油凝固了。我准备去商店买点润滑油，就看到一个人拿着一盒东西跑出来了。"

第三个人穿着一身运动服，他对警察说："我是这附近的居民，每天都会出来跑跑步，刚才路过这里，发现对面的商店被人偷了，就在这里站着想看一下。"

第四个人是个老头子，行动不便，拄着一根拐杖对警察说："这世道也不太平哦，没想到还有人偷东西，我反正没有钱，怕是没人会偷。"

警察听完这四人的话，知道其中有一个人在说谎，他就是伪装的小偷，你知道是谁吗？

头脑发动机

汽油的凝固点非常低，大约在零下75摄氏度。运用物理知识，就能轻易判断出第二个人在说谎，他就是小偷。

破坏西瓜的人

开启游戏

有一个村庄，村民以种西瓜为生，其中王二家种的瓜尤为出名，个大皮薄，香甜多汁。每次到了西瓜上市的季节，王二家的西瓜就会被一抢而空。

这几年，村里人眼看着王二家的瓜全部卖出去，自己家的瓜却销路不好，是既着急又眼红。但他们每次向王二讨教种瓜的方法时，王二只是笑而不语。

转眼又到了西瓜上市的日子，就在王二打算摘西瓜的前一天晚上，王二地里的西瓜全部被人用锄头给捣碎了。第二天，王二看到一地的碎瓜，既着急又生气，只好找村主任帮自己主持公道。村主任一下子明白了是怎么回事，他召集来全村的村民，并让全村的村民带来自家的锄头。村主任让村民们把锄头全部放在村里的广场上，过了不久，村主任就找到了破坏王二家西瓜的罪魁祸首。

你知道村主任是怎样找到破坏王二家西瓜的人的吗？

头脑发动机

捣瓜的锄头上面会留有西瓜的糖分。蚂蚁对糖分是十分敏感的，村主任只需观察哪个锄头上爬满了蚂蚁，就能找出破坏王二家西瓜的人。

失足的男人

开启游戏

寒冷的冬天，人们一个个裹着厚棉袄，戴着围巾和帽子艰难地前行。在光明路旁的水沟里，有人无意间发现一个男人，他躺在沟渠里一动不动，看来已经死了。他的身上覆盖了一层厚厚的雪，身旁有一瓶酒，酒剩下半瓶，被冻成了冰块。沟大概有3米深，男人极有可能是醉酒后掉进沟里，因无人发现被冻死。

警察接到附近居民的报案，赶紧来到案发现场，发现男人的额头上有一个很大的血块。通过了解，警察发现这个男人是附近小区出了名的酒鬼，平时喝了酒就喜欢打人。他的妻子经常被他拳打脚踢，想要离婚却遭到死者的威胁。

死者的妻子告诉警察，前天晚上，她的丈夫出去和几个朋友喝酒，因为丈夫常常夜不归宿，她自己也没留心，没想到丈夫喝醉掉到沟里摔死了，自己也不知道该高兴还是该伤心。

警察仔细搜查了整个案发现场，最后认定这是一起谋杀案，你知道是为什么吗？

头脑发动机

酒的凝固温度很低，案发现场发现的酒瓶里的液体却结冰了，这说明酒瓶里装的根本不是酒。死者并不是因为喝醉了不小心摔死的，而是有人将其杀害后故意丢到沟里，伪装成意外死亡事件。

不明火源

开启游戏

在面粉厂里，到处都贴着严禁明火的标志，因为空气中的面粉颗粒达到一定浓度后，一遇到明火就会发生爆炸。

据午间新闻报道，今天早上6点左右，一家面粉厂发生了爆炸，导致面粉厂的员工三死两伤。其中死亡的三名员工在面粉厂负责加工、分装面粉的工作，其他两名员工为保安人员，负责检查员工身上是否带有火种以及严禁外来人员入内。

据负责检查的保安人员回忆，当天早上，第一个到达面粉厂的是老李，他是这里的老员工，在他棉服的口袋里面没有检查到火种。第二个到达的是新来的员工苏三，他穿了一件毛衣和涤纶运动裤，保安也未在他的衣服口袋里检查到火种。第三个到达的员工是李四，保安人员知道他是个烟鬼，在他的棉衣口袋里发现了一个打火机，当场没收。保安又仔细检查了他的棉裤，确认没有火种才让他进去。

警察调取当天早上的监控录像，发现这三名员工进了大概15分钟后，面粉厂就发生了爆炸事故。爆炸前除这三名员工外没有其他可疑人员出现在面粉厂附近或者进入面粉厂内部。面粉厂前几天才进行过一次设备、电路的安全检查，警方排除了面粉厂电路老化、机器故障走火的可能性。面粉厂爆炸的原因极有可能与死亡的三名员工有关。致使面粉厂爆炸的明火是从何而来的呢？

你知道有可能是谁导致了面粉厂爆炸吗？

头脑发动机

面粉散在空气里，产生大量的面粉粉尘，遇到明火就会发生爆炸。在这起事故中，排除了三名员工携带火种的可能性。既然如此，就要从其他地方思考爆炸的原因。

秋天天气干燥，很容易产生静电。工作时，衣物摩擦产生的静电很有可能是导致事故发生的原因。在衣物的面料中，涤纶容易产生静电，棉麻等天然材料不容易产生静电。这三名员工中，苏三刚好穿了一件毛衣和涤纶运动裤。所以最有可能是他在工作时，因衣服摩擦产生静电，不小心接触到空气中的面粉颗粒，导致了面粉厂爆炸。

登　山

开启游戏

五个业余的登山者临时组成一支登山队伍，向一座高峰发起挑战。前几天的攀登过程比较顺利，但当攀登到海拔4000米的时候，登山队员开始纷纷出现体力不支的情况，其中有个队员还不小心将随身携带的背包掉了下去。大概到了海拔4500米的时候，有好几个队员出现了严重的高原反应。登山队员于是决定在半山腰搭起帐篷，休息一宿，等恢复体力后继续登山。

第二天一早，几个登山队员起身收拾行李，发现一个同伴不幸身亡，在这个登山队员的胸口插着一把刀，血染红了他的登山服。由于发生了凶杀案件，登山团队不得不取消整个登山计划，带着死者的尸体原路返回，并在到达山下时报了警。

警察将几名登山队员直接带到了警察局进行询问。根据尸体鉴定，死亡时间是当天晚上的9点钟，但并未在刀上检测到凶手的指纹。于是，警察向其他四个登山队员询问当天晚上的情况。

第一个名叫王强的登山队员告诉警察："晚上大概9点的时候，我躺在帐篷里，打着手电筒写日记，记录自己第一次攀登这么高的山峰的感受，大概10点的时候我就睡觉了，中途听到一点响动，但以为是外面刮风的声音，没太注意。"

第二个名叫李铁成的登山队员告诉警察："登山太累了，我们一搭好帐篷，我就睡着了，晚上11点的时候醒了一次，上了个厕所喝了点水，又继续睡觉了。"

第三个名叫龙云山的登山队员告诉警察："我也是一搭好帐篷就睡觉了，晚上大概9点半的时候，我被饿醒了，就烧了点水，泡了碗方便面，吃完方便面就接着睡了。"

第四个名叫刘辉龙的登山队员告诉警察："晚上9点的时候，我应该在用手机看家里妻子和儿子的照片，因为我觉得这次登山很危险，害怕自己会有不测，因此十分想念他们。"

警察听了他们的口供，就判断出了谁是凶手，你知道是谁吗？

头脑发动机

第三个登山队员是凶手。因为在海拔四五千米的山上，大气压相对海平面明显降低，水的沸点也随之降低。即使水烧开了，温度也远远低于100摄氏度，不可能泡熟方便面。由此可以判断出第三个人在说谎。

一张借据

开启游戏

小王和小李是邻居。

一天，小王拿出一张借据对小李说：“十几年前你父亲老李曾向我父亲借了1000元钱，至今未还。最近我手头比较紧，拿出这张借据是希望你能替你父亲把钱还了。”

小李说：“我的父亲去世多年，生前并未向我提起过借钱之事，你这借据的真伪性，我怎么判断？”

小王认为自己白纸黑字的借据肯定是真的，而小李认为难辨真伪不肯还钱。两人争吵不断，传到了当地一个有声望的老人耳中。老人听了事情的原委，决定帮助他们。

老人拿着小王出示的借据仔细地看。借据皱皱巴巴，颜色泛黄，看上去年代久远。借据上面写着：“今天我李四向王五借款壹仟元，以此为凭据。落款人：李四；落款日期：1997年6月31日。”

老人抬起头，看着小王说：“你这张借据是假的，老李根本就没有找你父亲借钱。”

你知道老人是从哪里看出借据是假的吗？

头脑发动机

借据上的落款日期是有问题的。6月只有30天。借据上落款的日期1997年6月31日根本不存在，所以小王出示的借据很有可能是伪造的。

离奇失踪

开启游戏

某建筑公司的一个员工最近离奇失踪，这个失踪的员工名叫李铁，是公司老板的表弟，平时喜欢仗势欺人，手里的活经常丢给别人做，公司里的员工害怕李铁在老板面前说自己的坏话，只能忍气吞声，实际上很多人十分讨厌李铁。

监控录像显示，李铁最后一次出现在录像里是在周五下午3点钟，当时李铁从外面买了杯咖啡进入公司，之后进入电梯，消失在监控画面中。当天晚上的监控没有拍到李铁下班回家的画面。警方通过与李铁的家人联系得知，自周五早上李铁上班后，李铁的家人就再未见过李铁。警察认为李铁很有可能是在公司被人谋杀的，那么李铁的尸体应该就藏在公司大楼里。警察对整个大楼进行了地毯式的搜索，但并未发现李铁的尸体，案件调查陷入了僵局。

警察厅副厅长龙奇对这件离奇失踪的案件感到十分恼火，于是又去死者工作的公司寻找线索。刚走到电梯口，就有几个员工坐电梯下来。他们的谈话正好被龙奇听得清清楚楚。其中一个员工说："还好我机智，早早进了电梯，不然要等下一趟了。"另一个员工说：“对啊，说也奇怪，之前我们几个一起进去也不会超载，现在得剩下一个人，可怜的小王得再等一趟。”旁边的一个员工说道：“看你这体形，说不定就是你长秋膘了，害得小王不能和我们一起下来。”

副厅长听了他们的对话，恍然大悟，一下子知道尸体在哪儿，最后真在公司里找到了李铁的尸体。你知道李铁的尸体藏在哪里吗?

头脑发动机

龙奇从员工的对话中了解到，本来可以多载一个人的电梯如今却只能少载一个人。电梯的承重能力是不会发生变化的，这说明电梯除了承担乘梯人员的重量之外，还载有其他重物。副厅长因此推测李铁的尸体就藏在电梯的机箱上方，并成功在电梯的机箱上方找到了李铁的尸体。

图书在版编目 (CIP) 数据

头脑风暴 . 塑造超强大脑的推理游戏 / 俞承幸编著 . —北京：中国法制出版社，2021.5

ISBN 978-7-5216-1743-6

Ⅰ . ①头… Ⅱ . ①俞… Ⅲ . ①智力游戏 Ⅳ . ① G898.2

中国版本图书馆 CIP 数据核字（2021）第 049292 号

策划编辑：李　佳（amberlee2014@126.com）

责任编辑：李　佳　　　封面设计：汪要军

头脑风暴 . 塑造超强大脑的推理游戏

TOUNAO FENGBAO. SUZAO CHAOQIANG DANAO DE TUILI YOUXI

编著 / 俞承幸

经销 / 新华书店

印刷 / 三河市紫恒印装有限公司

开本 / 880 毫米 ×1230 毫米　32 开　　　印张 / 6　字数 / 123 千

版次 / 2021 年 5 月第 1 版　　　2021 年 5 月第 1 次印刷

中国法制出版社出版

书号 ISBN 978-7-5216-1743-6　　　定价：36.00 元

北京西单横二条 2 号　邮政编码 100031　　　传真：010-66031119

网址：http://www.zgfzs.com　　　**编辑部电话：010-66053217**

市场营销部电话：010-66033393　　　**邮购部电话：010-66033288**

（如有印装质量问题，请与本社印务部联系调换。电话：010-66032926）